KB119707

추사에게
나를 지키는 법을
배우다

추사에게
나를 지키는 법을
배우다

설흔 지음

위즈덤하우스

* 일러두기

1. 인용된 글들은 《국역 완당 전집 1~4》(민족문화추진위원회, 1986~1996), 《완당 평전 1~3》(학고재, 2002), 《세한도》(문학동네, 2010), 《소치실록》(서문당, 1976)에서 가져오되, 저자의 필요에 따라 해석을 원문과 다르게 하거나 부분적으로 수정했다. 세부 인용 출처는 이 책의 서술 성격상 본문에서 생략했다.
2. 이 글에 등장하는 인물들의 행적은 실제와 일치하지 않을 수도 있다.

네가 남기고 간 문장 하나가 좀처럼 내 마음속에서 지워지지 않는다. "나를 닮은 사람이 되고 싶다"는 바로 그 문장 말이다.

　네가 그런 문장을 남기고 떠나간 까닭을 나는 잘 안다. 네가 머문 나날 동안 내 유배 거처인 귤중옥橘中屋은 은밀한 한숨과 가혹한 훈계가 맞부딪혀 치고받는 일대 아수라장이었다. 한숨은 너의 것이었고, 훈계는 나의 것이었다. 천성이 선하고 유약한 너는 차갑고 모진 나의 압제에 대해 마음껏 뱉지도 못하는 한숨을 참고 견디다 마침내 힘겨운 문장 하나를 토해내고 도망치듯 내 곁을 떠났다. 너는 가야 할 때가 되었기에 가는 것이라 말했고, 고개도 숙이고 눈물도 보였지만 네 속내를 속이지는 못했다.

네가 떠난 것을 확인한 후 내가 제일 먼저 한 일이 무엇인지 아느냐? 방문부터 활짝 열었다. 그 의도는 푸른 하늘처럼 명확했다. 주인이 사라진 것도 모르고 미처 빠져 나가지 못한 너의 한숨과 욕심 많은 늙고 더러운 곰팡이처럼 그 한숨에 붙어 떨어질 줄 모르는 내 훈계의 흔적을 말끔히 지우기 위해서였다. 그리하여 귤중옥이라는, 문자향文字香과 서권기書卷氣 넘치는 이름에 어울리는, 은은하면서도 격조 있는 향내를 서둘러 되찾기 위함이었다.

　　매화, 대나무, 연꽃, 국화는 어디에나 있지만 귤만은 오직 내 고을에만 있다. 겉과 속이 다 깨끗하고 푸르고 누런 빛깔인데 우뚝한 지조와 꽃답고 향기로운 덕은 다른 것들과 비교할 수가 없다. 그러므로 나는 이를 내 집의 액호額號로 삼는다.

툇마루에 앉아 있는데 가느다란 바람이 불었다. 나도 모르게 고개를 돌려 방 안을 보았다. 네가 남겨놓은 서화가 바람에 이리저리 흔들렸다. 그 경박하고 유약한 모습이 꼭 너를 보는 것 같았다. 그 바람에 어쩔 수 없이 내 마음도 사방팔방 흔들렸다. 너도 알다시피 나는 대책 없는 흔들림을 혐오하는 사람이다. 모든 것을 손안에 넣고 좌지우지해야 직성이 풀리는 사람이다. 달팽이처럼 느릿느릿 마당을 걸으며 "외로운 웃음이 시름을 낳는구나" 하고 맥락에도 어울리지 않는 시 비슷한 문장을 중얼거린 것은 그 동요를 피하기 위함이었고, 새봄을 맞아 줄줄이 피어난 담장 밑 수선화에 두서없는 눈길을 주었던 것도 그 때문이었다.

별다른 효험은 없었다. 내 정신은 황황했고, 네 문장과 네 서화는 여전히 나를 괴롭혔다. 네 문장은 간곡하고 절실했으나 네 서화는 굼뜨고 엉성했다. 둘의 간극은 극락과 지옥의 그것처럼 크고도 넓었으나 시치미를 떼고, 마치 날 때부터 쌍둥이였던 사이처럼 찰싹 달라붙어 함께 움직였다.

기가 막혔다. 서로를 향한 절실함과 엉성함이 기묘하게 맞아떨어져 사방으로 서로 휘감은 칡넝쿨이 되었다. 칡넝쿨의 비유는 강렬했다. 한 번 머릿속에 떠오른 칡넝쿨은 손에 묻은 묵은 감초 냄새처럼 좀처럼 사라지지 않았다. 이러다간 머릿속이 온통 칡의 모습과 냄새로 가득하게 되어 아무 일에도 집중하지 못할 터였다. 귤중옥의 향내와 더불어 살며 흔들림을 혐오하는 나는, 그러므로 그 어지러운 칡이 싫었다.

고개를 살짝 들었다. 간절히 궁구하면 답을 찾을 수 있다는 성현의 말은 이 경우에도 틀림없었다. 탱자나무로 만든 가시울타리가 방금 생겨나기라도 한 것처럼 비로소 눈에 들어왔다. 세속과 유배를 가르는 냉엄한 가시울타리, 일상과 비상을 가르는 고고한 가시울타리라면 분수도 모르고 마구 얽힌 칡넝쿨쯤은 날카롭게 가를 수 있을 것이었다. 물론 그 대가로 마음 깊은 곳의 상처 몇 개쯤을 당연한 듯 손 내밀고 요구하겠지만, 혼란이 방 한 가운데를 애초부터 제 것인 양 차지하고 앉은 지금은 그 정도의 아픔쯤은 기꺼이 감수하리라.

그 가시울타리를 머리에 쓰고 가슴에 두른 채 방 안으로 들어갔다. 나는 가시울타리를 닮은 눈초리로 다시 한 번 너의 서화를 꼼꼼히 살펴보았다. 반사적으로 튀어나오려는 훈계를 두 손으로 틀어막았다. 방 안엔 너도 없었고 너의 한숨도 없었다. 너라는 존재의 고뇌의 흔적인 서화를 고전적인 훈계로 윽박지르는 전략은 이미 무용한 일로 판명되었다. 하여 나는 새로 얻은 가시울타리로 잘 벼린 붓을 만들어 쓰기로 했다.

나를 닮으려면 난초부터 제대로 쳐야 한다. 난초를 치는 법은 예서隷書를 쓰는 법과 가깝다. 반드시 문자향과 서권기가 있은 후에야 얻을 수 있는 것이다. 난초를 치는 법은 그림 그리는 법식대로 하는 것을 가장 꺼린다. 난초를 치면서 그림 그리는 법식에 빠져버리면 이는 곧 사악한 마수의 길에 떨어지는 것이다.

동기창董其昌의 "만 권 책을 읽고, 천 리 길을 간다"는 문장을 너의 처지에 맞게 바꿔 쓴 것이었다. 그러나 내가 쓴 문장을 다시 읽어 보고는 곧바로 너에게 배운 한숨을 쉬었다. 내가 쓴 문장은 겉으로 보기에는 그럴 듯했으나 결국은 너를 쫓아버린 또 다른 훈계에 지나지 않았다. 문자향, 서권기, 법식, 마수의 길…… . 여린 너는 한숨을 못 버렸고, 강한 나는 훈계를 못 버렸다. 이제 그 한숨은 내게로 와서 나를 몇 배로 허탈하게 만들었다.

돌아가는 꼴을 가만히 지켜보던 가시울타리가 처진 내 어깨 위에 지긋이 손을 얹었다. 경박한 비웃음이 날카로운 가시가 되어 어깨를 뚫더니 내 폐부를 찔렀다. 아팠지만 할 말이 없었다. 적어도 지금은 가시울타리가 옳았다.

사물에서 제대로 된 깨달음을 얻은 나는 자세를 바로잡았다. 가만히 눈을 감고 단전에 힘을 주었다. 무념무상의 시간은 길지 않았다. 곧바로 네가 떠올랐기 때문이다. 네가 쓴 문장이 떠올랐기 때문이다.

훈계에 질린 너의 문장은 유약함의 산물로 그냥 넘겨버리기에는 뜻밖에도 의미심장했다. 너는 나를 원망하지도 않았고, 푸념을 늘어놓지도 않았다. 너는 분명 나를 닮은 사람이 되고 싶다고 했다. 어쩌면 당연할 수도 있는 문장이었으나 한 번도 그런 생각을 해보지 못한 내게는 그 문장이 특별한 무엇이 되어 다가왔다. 다른 누구도 아닌 나를 닮고 싶은 것이 너의 바람이었다. 가슴이 먹먹해졌다.

눈을 떴다. 전보다 한결 밝아진 세상이 늙은 눈을 부시게 했다. 눈을 비볐다. 주먹에 힘을 주었다. 너의 바람이 그렇다면 나의 할 일은 명확했다. 나는 네가 남긴 서화의 엉성함이 아닌 네 마음이 담긴 그 절실한 바람에 진심으로 답해야 하는 것이었다. 머리로는 이해가 되었으나 여전히 막막했다. 훈계는 친숙하고 쉬워도 진심의 토로는 낯설고 어려웠다. 강개함을 중히 여기는 나 같은 남자에게는 특히 그러했다.

다시 바람이 불었다. 이전의 것이 봄날의 바람이었다면 이번 바람은 겨울의 흔적이 남은 차가운 바람이었다. 그 바람과 함께 나른하면서도 날카로운 고양이 울음소리가 들려왔다. 내 귀에 들린 곳으로 고개를 돌렸다. 수선화 앞에 늙은 고양이 한 마리가 앉아 있었다. 늙은 고양이는 나태와 예민함이 뒤섞인 이율배반적인 울음소리를 한 번 더 내고는 나를 뚫어지게 쳐다보며 이렇게 말했다.

"너는 대체 어떠한 사람이냐?"

고양이라니? 나는 평생 고양이를 키워본 적 없는 사람이다. 그런 내가 안온한 거처도 아닌 가시울타리 안에 고양이를 머무르게 할 리가 없다. 고양이를 보기 위해 눈썹을 위로 치켜 올린 사이 늙은 고양이는 사라졌다. 순식간에 적막해진 수선화만 잠시 바라보다 고개를 끄덕였다. 내 어찌 저 늙은 고양이를 잊었던가?

방금 나타났다 사라진 늙은 고양이는 다른 누구도 아닌 나의 늙은 고양이였다. 내가 키우는 늙은 고양이라는 뜻이 아니었다. 내가 그린 늙은 고양이라는 뜻이었다. 그러므로 그 늙은 고양이는 실제 늙은 고양이가 아니라는 뜻이었다. 그러나 그 늙은 고양이는 실제 늙은 고양이이기도 했다.

절해고도絶海孤島로 유배오던 도중의 일이었다. 늦은 점심을 얻어먹고 잠시 대청에 엉덩이를 붙이고 있던 나는 처마 밑에 웅크리고 있는 늙은 고양이를 만났다. 늙은 고양이는 나를 보더니 눈을 크게 뜨고는 몇 안 남은 이빨을 드러내며 웃었다. 그 웃음은 길지 않았다. 늙은 고양이는 호기심 가득한 마음으로 다가서는 나를 피해, 혹은 외면하고 이내 사라져버렸으므로. 늙은 고양이는 사라졌어도 그 모습, 그 이빨, 그 웃음은 사라지지 않았다. 사라지기는커녕 날카로운 사금파리 조각이 되어 내 머릿속에 박혔다.

나는 주먹으로 머리를 두드리며 대청으로 돌아와 방금 만났던 그 늙은 고양이를 그렸다. 머릿속에서 나를 콕콕 찌르는 것을 빼내기만 하면 되니 그리 어렵지는 않았다. 나는 채 한 식경도 되지 않아 붓을 놓았다. 내가 완성한 것을 보았다. 늙은 고양이의 입가에는 만족과 여유가 넘쳤다. 반면 두 눈은 형형하고 매서웠다. 한쪽 귀는 빳빳했고 다른 한쪽 귀는 처졌다. 꼬리는 부드러웠으나 왠지 모르게 반항적인 느낌을 주었다. 만족스러웠다. 내가 그린 것은 바로 그 늙은 고양이였다. 내 머릿속에 뱀처럼 자리한 바로 그 늙은 고양이였다. 그것은 실제 늙은 고양이와 하나도 닮지 않음으로서 그 지독한 닮음을 자랑했다.

그때 의금부도사義禁府都事가 첫 단어에 힘을 주며 나에게 물었다.

"모질도耄耋圖라고 쓰신 것을 보니 고양이인 것을 알겠습니다. 그런데 나비는 어디에 있습니까?"

장수를 기원하는 〈모질도〉에는 고양이와 나비가 항상 같이 등장하는 법이다. 의금부도사가 첫 단어에 유독 힘을 준 것은 그 지식을 아는 자신을 내세우고 싶었기 때문일 터였다. 다른 것도 아닌 그런 식의 뻔뻔한 드러냄에 유독 민감한 나는 참지 못하고 그에게 되물었다.

"그렇다면 나비는 어디에 있겠소?"

무슨 소리인가 싶어 눈을 껌벅거리던 의금부도사는 아무 소리 못하고 살짝 등을 돌려 하늘만 보았다. 부주의하게 씰룩대며 내 욕을 내뱉는 입술을 보며 그림 속의 늙은 고양이가 웃었다. 담장 밑 어딘가에서도 고양이를 닮은 웃음소리가 들렸다. 물론 고양이는 없었다. 그들을 따라 나도 웃었다. 소리도 내지 않고 속으로 웃었다. 유배객이 된 후 처음으로 지어보는 웃음이었다.

그렇다면 왜 나는 늙은 고양이를 그리고 웃었는가? 이제는 너도 짐작하겠지만 그 늙은 고양이는 다름 아닌 나였기 때문이었다. 늙은 고양이는 늙었으되, 늙지 않았다. 자유롭지 않되, 자유로웠다. 그 늙지 않고 자유로운 늙은 고양이가 이빨 빠진 내 입속으로 들어와 나에게 되물었기 때문이었다.

"너는 대체 어떠한 사람이냐?"

나는 깐깐한 노인의 훈계로 가득한 종이를 구기고 새 종이를 펼쳤다. 강개한 늙은 고양이가 된 나는 가시울타리 붓을 쥐고 이렇게 썼다.

　"혹독한 관리의 차가운 손을 기억하라."

제1장

고난과 역경 속에도
길이 있다

혹독한 관리의
차가운 손을 기억하라

"혹독한 관리의 차가운 손"이라는 표현을 읽은 너는 아마도 동해순리東海循吏를 떠올렸을 것이다. "동해의 선량한 관리"라는 뜻의 인장, 내 아우가 나를 위해 보내준 그 아름다운 인장을 떠올리며 당황했을 것이다. 선량한 관리를 애호愛好하는 내 손에서 돌연 혹독한 관리가 튀어나온 이유를 도무지 종잡을 수 없었을 것이다. 네가 모르는 것은 당연하다. 너는 나를 잘 알지만, 또한 잘 알지 못하므로. 느닷없이 돌출한 문장을 이해하기 위해서는 절해고도로 오던 바로 그 날을 먼저 떠올려야만 한다.

절해고도로 오는 배는 심하게 흔들렸다. 처음부터 그렇지는 않았다. 항해의 시작은 순탄했다. 낯선 여행에 잔뜩 긴장했던 손과 발이

제풀에 힘을 뺄 정도로 순탄했다. 배가 출발하자 기다렸다는 듯 부드러운 바람이 쉬지 않고 불어왔다. 일단 겨울로 향한 뒤에는 옆도 돌아보지 않고 달려가는 버릇을 지닌 늦가을치고는 드물게 햇살도 제법 따뜻했다. 보통의 경우라면 흥겨운 노래 한 자락이 뱃바닥을 질펀하게 적셨을 것이었다. 술 한 잔 걸친 이들의 탁하고도 정결한 웃음소리가 이물과 고물 사이를 빈틈없이 채웠을 것이었다.

현실은 달랐다. 노래도 없고 웃음소리도 없었다. 노래와 웃음소리는커녕 오고가는 말소리도 드물었다. 사람들은 추노꾼에 쫓기기라도 하는 겁먹은 노비들처럼 좌우를 두리번거리다 필요한 말만 후다닥 내뱉고는 재빨리 입을 다물고 몸을 움츠렸다. 아마도 나 때문일 것이었다. 형조참판까지 지내며 중앙 정계를 쥐락펴락했던 유배객, 안동 김씨의 실세 김유근金逌根은 물론 왕실과도 관련을 맺고 일세를 풍미했던 유배객, 그림과 글씨와 학식 모두 당대 최고라는 소리를 들었던 유배객. 나를 대하는 사람들이 어쩔 수 없이 머리에 떠올리게 되는 모습들일 것이었다.

아니다. 어쩌면 사람들의 침묵은 그저 내 곁에 버티고 앉은 쇠꼬챙이를 닮은 의금부도사의 위압적인 모습 때문일 수도 있었다. 그들에게 유배객은 아무것도 아니었지만 의금부도사는 현실적인 두려움이었다. 엉뚱한 빌미를 제공했다가는 성질 더러운 쇠꼬챙이에 찍혀 치도곤治盜棍을 당할 수도 있다는 그 공포가 그들을 익숙하지 않은 침묵에 빠뜨렸던 것이었다.

나 때문일까, 의금부도사 때문일까? 아니면 나와 의금부도사가 만들어낸 비일상적인 기묘한 분위기 때문일까? 별것도 아닌 일에 괜한 궁금증이 일었다. 거의 죽었다 살아난 유배객의 상념치고는 한가할 수도 있겠다.

굳이 이유를 찾자면 이는 아마도 처마 밑 늙은 고양이가 만들어준 여유 때문일 터. 사라진 나비를 찾아 보이지 않는 허공으로 날아간 늙은 고양이의 선물일 터. 그러나 결론부터 말하자면 여유는 거기까지였다. 나는 더 이상 그 사소하면서도 해결하기 어려운 궁금증에 내 정신을 배분할 수 없었다.

정오를 넘어서기 무섭게 바다가 변했다. 갑작스런 자연의 폭력에 무방비상태로 뒤통수를 맞은 배가 그 충격을 이기지 못하고 좌우로 심하게 흔들렸다. 여기저기서 흔들림에 걸맞은 극심한 혼돈의 비명이 들렸다. 그 와중에 의금부도사와 눈이 마주쳤다. 얼굴색이 시퍼렇게 질린 의금부도사는 말없이 뱃전을 쥔 손에 힘을 주었다.

흔들림은 한 번으로 끝나지 않았다. 여태껏 잠잠했던 바다는 감춰두었던 진면목을 단번에 보여주고 싶은 과도한 욕심을 버리지 못하고 높은 파도를 화살처럼 연달아 쏘아댔다. 날카로우면서도 묵직한 파도와 함께 비명의 수위도 갑절로 높아졌다. 허리를 꺾고 속에 든 것을 게위내는 이들도 있었다.

바람과 파도 속에서도 역한 냄새는 진흙 속의 연꽃이 되어 자신의 존재를 진하게 증명했다. 늙은 고양이를 만나지 않았다면, 늙은 고양이를 그리지 않았다면, 너는 어떠한 사람이냐는 선문답 아닌 선문답을 받아내지 않았다면 나도 그러했을 것이다. 분수도 모르고 몰아치기만 하는 바다를 적잖이 원망깨나 했을 것이다. 유배길이 저승길이 될까 두려워 어쩌면 눈물도 흘렸을 것이다.

나는 얼굴빛도 변하지 않았고, 속에 든 것을 게워내지도 않았고, 눈물도 흘리지 않았다. 무릎에 힘을 주고 처음과 같은 자세를 유지하며 나는 엉뚱한 상념에 빠져들었다. 바람을 타고 파도를 헤쳐 나아갈 수만 있다면 얼마나 좋을 것인가, 하는. 천오天吳며 해약海若 같은 바다의 신들도 떠올렸다. 천오와 해약의 등을 타고 파도를 헤쳐 바다를 건너는 환상도 잠시 떠올려보았다.

할 수만 있다면 섬이 아닌 대륙으로 가고 싶었다. 무지한 절해고도가 아닌 문명인의 대륙 말이다. 주제넘은 상상을 하는 내게 바다의 신들은 전에 없이 큰 요동을 선물로 주었다. 생각보다 큰 선물이라 놀란 가슴이 덜컹하고 발목까지 떨어졌다. 여태 꼭 닫혀 있던 내 입술이 급작스럽게 열렸다.

침묵할 때 침묵하는 것은 때에 맞는 것, 웃어야 할 때 웃는 것은 중용에 가까운 것. 말하지 않고 깨우쳐줄 수 있다면 침묵에도 손상이 없을 테고, 중용을 얻어 말한다면 웃는다 해도 걱정이 없을 테지.

바다의 신들은 침묵과 웃음과 중용의 상관관계를 다룬 내 암송을 즐겼다. 그들이 환호성 삼아 보낸 요동에 나는 또 다른 암송으로 맞섰다.

군자가 오만하면 스스로 부끄러울 뿐. 소인이 오만하면 화를 불러들일 뿐. 궁지에 빠지면 욕먹는 것은 당연한 일. 남이 허물을 말해도 스스로는 놓지 말기를.

나도 모르게 목소리가 커졌다. 의금부도사의 시선이 다시 나와 마주쳤다. 바다와 하늘의 경계 어디인가를 헤매던 내 정신이 현실로 귀환해 그에게 해명하게 했다.

"〈묵소거사자찬默笑居士自讚〉과 〈잠오箴傲〉요. 침묵과 웃음과 중용, 그리고 군자와 소인의 오만함에 대한 것이라오. 허물에 대한 것도 있는데……"

의금부도사의 몸이 허물을 견디지 못하고 꺾였다. 그는 나를 보기 위해 시선을 돌렸던 것이 아니었다. 〈묵소거사자찬〉은 실은 내 벗인 김유근이 지은 것이며, 〈잠오〉는 결국은 나를 영락하게 만든 오만함에 대한 반성이 담겨 있는 아름다운 글이라고 설명하려 했지만 애당

초 그에게 할 것은 아니었다.

그 상황이라면 너도 그처럼 생각했을 것이다. 목숨이 왔다 갔다 하는 급박한 순간에 처한 의금부도사에게 〈묵소거사자찬〉이며 〈잠오〉가 도대체 무슨 의미이겠는가? 중풍으로 이제는 말도 할 수 없게 된 김유근의 사정, 김유근이 말을 할 수만 있었다면 절해고도로 오지 않아도 되었으리라는 부질없으면서도 집요한 나의 기대, 꼿꼿한 오만이 불러온 참담한 현실 등이 그에게는 배를 잡고 있는 손아귀의 힘만도 못하리라는 것을 나는 그 짧은 순간에 모두 깨달았다. 그러나 어쩌겠는가? 육체의 힘도 부족한 내겐 그 방법밖에는 없는 것을. 나는 고개를 살짝 돌리고는 〈묵소거사자찬〉과 〈잠오〉를 주술처럼 계속해서 암송하기만 했다.

마침내 바람과 파도가 잦아들었다. 어찌된 까닭인가? 결론부터 말하자면 바다가 물러선 것은 아니었다. 내 암송이 이긴 것도 아니었다. 미련하고 단순하며 두터운 귀를 가진 바다는 공격하다가 후퇴하는 따위의 잔재주는 아예 부릴 줄 모른다. 또한 암송은 바다를 굴복시킬 만큼 신비한 주문도 아니다. 그 이유는 미련할 정도로 단순했다. 배의 종착지인 화북진이 어느덧 눈앞에 보일 정도로 가까웠기 때문이었다. 섬의 힘이 바다의 힘을 능히 이겨낼 수 있는 지점에 도달했기 때문이었다.

바람과 파도는 무정하게 자신을 헤치고 지나가는 배의 고물에 바닷물 한 바가지를 퍼붓는 것으로 제 위력이 여전함을 과시하려 했다. 헛수고였다. 소멸해가는 존재의 시위에 관심을 두는 이는 이제 아무도 없었다. 바람과 파도는 살아 있으나 살아 있는 것이 아닌, 유배객이라는 내 처지와 꼭 닮았다. 그러므로 바람과 파도가 제 열정을 다해 마지막 수작을 부리건 말건 배는 항구에 닿았고, 나는 절해고도에 도착했다.

어느덧 제 안색을 말끔하게 되찾은 의금부도사가 일어섰다. 나도 따라 일어섰다. 의금부도사의 뒤를 따라 배에서 내렸다. 땅의 감촉이 새삼스러운 느낌으로 다가왔다. 땅이 이토록 단단한 것인 줄 처음으로 깨달았다. 요 근래 내가 밟았던 땅은 크지도 무겁지도 않은 내 존재조차 제대로 받아주지 못했다. 절해고도로 와서야 다시 단단한 땅을 후원자로 얻은 것인가? 정말로 그러한 것인가?

깨달음과 기대감도 잠시뿐이었다. 머리를 풀어헤친 땅귀신 같은 아이들이 내 앞을 가로막았다. 아이들은 그들만의 방식으로 나를 환영했다.

"히히, 저것 좀 봐라."

그들이 지칭하는 '저것'은 바로 나였다. 나는 절해고도로 와서 사람이 아닌 사물이 되었다. 한걸음 옆으로 비켜나 있던 의금부도사는 기대와는 달리 내게 별다른 동요가 없음을 확인하고는 못 이기는 척 앞으로 나서서는 아이들을 내쫓았다. 아이들은 쉬파리처럼 멀어졌다 가까워졌다를 몇 번이나 되풀이한 후에야 흥미를 잃고 또 다른 사물을 찾아 골목길 저편으로 사라졌다.

갑작스러운 고요가 찾아왔다. 변이에 유독 민감한 나는 그 고요에 저항도 못 하고 빠져들었다. 번잡하던 공간이 순간 절간으로 변해버린 사실에 나는 매혹되었다. 어쩌면 내 삶도 암자 하나 짓고 차나무 키우며 사는 초의 의순意恂처럼 자연과 사물과 선문답을 하는 삶이 될 수도 있으리라는 생각이 들었다. 하지만 한동안 잠자코 있었던 늙은 고양이의 울음소리가 나를 고요에서 끄집어냈다. 의금부도사의 차가운 손이 나를 고요에서 끄집어냈다. 의금부도사는 어울리지 않는 고요에 뺨을 한 대 갈기고는 토악질의 여운이 남아 있는 입을 열었다.

"사람들이 하는 말을 들으셨습니까? 북쪽 배가 날아서 건너왔다고 하는 그 말을 들으셨습니까? 그만큼 바람과 파도가 거셌다는 말이기도 하겠지요. 그만큼 여정이 험난했다는 말이기도 하겠지요."

위안과 협박, 안도와 불길의 여러 뜻이 참기 어려운 냄새와 함께 섞여 나온 그 말에 나는 이렇게 대답했다.

"임금의 영령이 돌보신 까닭 아니겠소?"

내 입과 내 머리는 완전한 남이었다. 토악질하지 않은 내 입이 얼토당토하지도 않게 임금의 영령을 들먹이는 동안 내 머리는 냉정한 나를 일깨워준 늙은 고양이를 생각했다.

그리고 또 하나, 내 손을 살짝 건드렸던 의금부도사의 전율을 불러일으킬 정도로 차가운 손을 생각했다. 너에게 줄 벼락같은 문장은 그때 떠올랐다.

"혹독한 관리의 차가운 손을 기억하라."

현실이 두려울수록
엄정한 마음을 가져라

절해고도로의 여정은 아직 끝나지 않았다. 내 몸을 뉘일 장소인 대정大靜은 제주성 서쪽으로 80리를 더 가야 도착할 수 있었다. 길은 오묘했다. 길의 절반은 험했으나 나머지 반은 평탄했다. 길은 내게 자신을 읽으라고 강요했다. 거미줄처럼 복잡다단한 생각을 줄줄이 뽑아내게 만든 것은 역시 육신의 고단함을 동반하는 험한 길 쪽이었다.

나는 근육질 말들도 헉헉대며 힘겨워하는 험한 길을 지나면서 배타기 전날 초의와 마셨던 백모차白茅茶를 떠올렸다. 늙은 유배객에게 어린 잎으로 만든 차를 건넨 초의의 단순하고도 깊은 속내를 읽은 나는 거듭 잔을 비웠다. 지나친 음다飮茶의 폐해를 염려하는 초의의 만류를 그 순간만큼은 외면했다. 초의의 만류가 겨울 햇살처럼 짧았던 것은 내 속내를 읽은 이심전심의 결과일 터였다.

차 맛은 어떠했는가? 내 기억 속 최고의 차는 젊은 시절 중국에서 완원阮元 스승과 마셨던 용단승설차龍團勝雪茶였다. 초의의 차는 이제는 사라진 용의 자취마저 느끼게 하는 그 깊고 절묘한 용단승설차 맛에는 애초부터 비길 바 못 되었다. 그러나 다산 정약용丁若鏞 선생에게 전수받은 초의의 작품인 만큼 조선에서 맛볼 수 있는 차로는 단연 최고였다.

차를 마셨으니 값은 치러야 했다. 별다른 감정의 변화를 드러내지 않던 다른 만남의 경우와는 달리 대면한 순간부터 애통함을 숨기지 못했던 그에게 내가 줄 수 있는 최고의 선물은 바로 늙은 고양이였다. 나는 그에게 〈모질도〉를 건넸다.

"나 없이 무슨 재미로 세상을 살아가겠습니까? 그래도 산목숨이니 살아가야 하지 않겠습니까? 불경 읽고 찻잎 뜯다 낮잠 자다 문득 적적해지면 늙은 고양이에게 먹을 것이나 좀 줘보세요."

초의는 단번에 내 말을 알아들었으나 공손한 그답게 겸양의 미덕을 내보이는 것을 잊지 않았다.

"늙은 고양이가 없으면 공께서 적적하시지 않겠습니까?"

나는 내 초라한 허벅지에 손을 올리고 받아쳤다.

"벌써부터 눈이 어두우신 겁니까? 늙은 고양이는 이미 여기에 있지 않습니까?"

초의는 대답 대신 눈을 감았고, 나도 그를 따라 눈을 감았다. 보이는 것도 없었고, 들리는 것도 없었다. 정결한 차의 향내도 없었고, 끈끈한 세속의 냄새도 없었다. 초의도 없고, 나도 없고, 암자도 없고, 유배도 없었다. 모든 것이 사라진 텅 빈 공간만이 있을 뿐. 비었으나 충만한 그 공간이 그립고 따뜻해 괜한 말을 속으로 내뱉었다.

"그런데 고양이는 어디로 간 것입니까? 나비를 따라 간 것입니까?"

초의가 찻잔을 드는 소리에 눈을 떴다. 차 마시던 초의가 고개를 끄덕였고, 나도 그를 따라 차를 마시며 고개를 끄덕였다. 나는 그렇게 늙은 고양이를 찻잔에 담아 주고받으며 초의와 육지에서의 마지막 차를 마셨다.

얼마 지나지도 않았는데 마지막 차의 추억은 벌써 전생의 기억처럼 아득했다. 길도 아득했고, 정신도 아득했고, 기억도 아득했다. 그 마지막 차를 떠올리면서 나는 섬에서의 첫 차를 갈구했다. 늙은 고양이만 있는, 혹은 늙은 고양이도 없는 텅 빈 공간의 평안함을 갈구했다. 차 한 모금이면 인간과 말들이 겪는 고통은 없어져버릴 것만 같았다. 차 한 모금이면 유배의 이 험한 길에서 벗어나 곧바로 선의 경지에 들어갈 것만 같았다. 용단승설차도 백모차도 아닌, 그저 무지한 중들이 시든 찻잎으로 요령 없이 삶은 향내 없는 차라도 상관

없을 것만 같았다.

고통을 겪는 것은 잔뼈가 굵은 의금부도사도 마찬가지였다. 그러나 고통을 처리하는 방식은 초짜인 나와는 달랐다. 험한 길의 막바지, 인내가 허리를 쿡쿡 찌르며 땀을 짜내는 갈급한 순간에도 그는 무뚝뚝한 얼굴을 바꾸지도 않은 채 내게 이렇게 물었다.

"평양 기생 죽향이가 그렇게 예뻤다는데 그게 참말입니까?"

그의 얼굴과 질문의 격이 너무도 달라 오히려 심오한 계략처럼 여겨졌다. 나는 잠시 대답을 못 하고 의금부도사의 얼굴만 멀뚱멀뚱 쳐다보았다. 결론은 의외로 쉽게 도출되었다. 내 대답을 기대하는 의금부도사의 얼굴에서는 그 어떤 음모의 흔적도 찾아볼 수 없었다. 누런 이빨이 슬쩍 드러나고 코를 킁킁거리는 것이 그 질문의 진정성을 역으로 입증했다. 그는 평양 기생 죽향을 희롱함으로써 육신의 고통에서 벗어나려 하고 있었다. 의금부도사는 진지했으나 내 속에서는 열불이 나려고 했다. 그의 가벼운 가슴, 무신경한 머리에 불화살을 쏴 활활 태워버리고 싶었다.

적절한 시간에 차가운 물 한 바가지를 부어준 것은 이번에도 늙은 고양이였다. 고양이 덕에 냉정을 되찾은 나는 남은 힘을 모아 시 한 수를 뽑아냈다.

벌통의 벌이 꽃 찾아가자는 약속을 지키려 하니

높은 절개인들 어쩌 다른 애간장이 있겠는가

"죽향이를 만난 내가 이런 시를 지었을 정도라면 더 말할 필요가
없는 게 아니겠소?"

의금부 도사의 목소리가 높아졌다.

"천하의 절색이라는 소문이 사실이었던 것이로군요."

"상상에 맡기겠소."

"아, 죽향이가 쓰는 반지에서도 대나무 향기가 난다는데……."

의금부도사는 무엇을 생각했던 걸까? 그는 말을 채 끝내지도 못
하고 너털웃음을 터뜨렸다. 나도 그를 따라 웃었다. 웃음을 멈추고
나니 죽향이 내게 보냈던 시가 떠올랐다.

버들가지 늘어뜨린 문
구름 같은 녹음에 가려진 마을
홀연히 피리 불며 지나가는 목동
강을 채우는 황혼의 물안개

홀연히 피리 불며 지나가는 목동이라니, 황혼의 물안개라니. 그
노골적인 죽향의 호소에 두 손을 휘저으며 거부해야 마땅했지만 나
도 남자인지라 가슴을 뒤흔드는 시를 받고 가만히 있을 수는 없었

다. 문자향과 서권기가 밥값을 할 시간이었다.

> 손만 대면 봄이 되는 대나무 가지 하나
> 시의 뜻으로 그려내니 마음의 실이 하늘하늘
> 뜰에 내려서니 소상강 물빛이 되어
> 분수에 넘는 맑은 기운이 낮 꿈을 꾸게 하네

그 뒤를 이어 나와 인연이 있는 이들의 얼굴이 떠올랐다. 죽향의 얼굴이 아니었다. 아내의 얼굴이, 아비의 얼굴이, 김유근의 얼굴이 차례로 떠올랐다. 인연은 떠오른 순서와는 반대였다. 먼저 내가 평양에 갈 수 있었던 것은 김유근 덕분이었다. 평양감사로 부임하던 김유근이 괴한에게 공격을 당해 크게 다치는 바람에 내 아비가 대신 부임하게 되었다.

나는 아비를 따라 평양에 갔다가 죽향을 만났다. 그 소식은 곧바로 아내의 커다란 귀에 들어갔다. 아내의 편지를 받은 나는 흔들리는 붓으로 답장을 썼다.

> 평양에 오고난 후 당신 생각을 하지 않은 적이 없습니다.
> 바람결에 들리는 괴이한 소문은 사실이 아닙니다.
> 곧이듣지 마십시오.

황혼의 물안개를 안개처럼 자욱한 흰 머리로 바꾸어 아내에게 넌지시 용서를 빈 것이다.

이렇게 대책 없이 지나간 날을 회상하던 나는 입술을 감쳐물고 어금니를 앙다물었다. 의금부도사의 질문은 과연 의심했던 그대로 심오한 계략이었다. 내가 떠올린 인연 있는 이들의 얼굴, 나는 그들 중 어느 누구도 다시는 볼 수가 없다. 나는 아비를 저세상으로 보냈고, 김유근을 저세상으로 보냈으며, 아내마저 저세상으로 보냈다. 내가 보낸 것은 아니었지만, 결국 내가 보낸 것이기도 했다. 그러나 그 사연을 지금 이야기할 때는 아니다. 나는 그저 그때, 내 마음이 그 떠올림으로 사정없이 무겁고 어두워졌음을 말하려는 것뿐이다.

초의의 차와 텅 빈 공간으로 다잡으려던 냉정한 마음을 뜨뜻미지근한 대나무 향이 일순간에 흐트러뜨렸다. 늙은 고양이가 대나무 가지 위에 올라 앉아 소리 없이 웃었다. 무안해진 나는 나뭇가지 같은 거칠고 가는 허벅지를 더러운 손톱으로 박박 긁었다. 허벅지에 날카로운 통증을 느낀 바로 그 순간이었을까? 갑자기 하늘이 어두워진 것은.

내 마음의 어둠이냐고? 아니었다. 나는 지금 관념이 아닌 현상을 이야기하는 것이다. 그러므로 그것은 실제의 어둠이었다. 어둠의 근원은 바로 숲이었다. 길이 평탄해졌다고 느끼기도 전에 나타난 울창한 숲은 빛을 완강히 거부했다. 하늘은 그저 바늘구멍만 한 틈새로만 간신히 제 존재를 입증하고 있었다. 숲에서 하늘은 땅이었고, 땅은 하늘이었다. 계절은 형식뿐인 가을을 빠르게 통과해 겨울로 달음박질치고 있었지만, 땅의 정기를 받은 나무들은 순환의 분주함 따위는 아예 잊은 듯 싱싱하고 새파랬다. 완벽한 푸름에 반하는 나무들도 있기는 했다. 붉은 단풍나무들이었다. 그 푸름과 붉음이 뜨거워진 나를 서늘하게 만들었다. 숲은 꿈틀거리는 푸른 근육과 용솟음치는 붉은 피를 뿜어내며 하늘을 향해 살아 있는 기운을 마음껏 뿜냈다. 범접할 수 없는, 차가우면서도 냉정한 힘이었다. 정신이 번쩍 소리를 내며 제자리를 잡았다.

나는 너에게 이렇게 말하겠다. 고통과 절망의 절해고도는 실은 반성과 각성의 성소였다고. 평생 내 머리에 남을 몇 안 되는 명징한 깨달음의 순간이었으므로 이토록 자세하게 기억할 수 있는 것이었다.

나는 너에게 이렇게 말하겠다. 신품으로 불리는 〈세한도歲寒圖〉의 독보적인 고고함은 실은 내가 본 숲을 그대로 옮겨 그린 것이기도 하다는 사실을. 〈세한도〉는 그 울울창창한 숲과 완벽하게 닮아 있다는 사실을. 물론 〈세한도〉는 그 닮음으로 인해 그 숲과 하나도 닮지 않게 되었지만.

절해고도의 자연에서 한 수 배운 나는 서늘하고 냉정해졌다. 의금부도사의 낮은 목소리가 들렸다.

"험한 길 지나왔다고 마음 놓으면 안 됩니다. 평탄한 듯 보여도 이제 절반입니다. 갈 길은 여전히 멉니다."

그의 말이 맞다. 이제 절반을 온 것뿐이었다. 그러나 나는 벌써 절반이라고도 생각했다. 거기에 더해 내가 가야 할 절반의 길은 내가 온 절반의 길과는 다를 것이었다. 멀긴 해도 길은 평탄할 것이고, 나는 고통이 아닌 반성과 함께 묵묵히 그 길을 갈 것이었다. 제대로 된 차 한 잔과 텅 빈 공간에 대한 소망, 그리움의 향내로 무장한 죽향도 내 마음을 흔들지 못할 것이었다.

혹독한 관리의 차가운 손은 이제 또 다른 의미를 지니게 되었다. 현실의 차가움이 아닌 마음의 엄정함. 두려움에 감정적인 굴복이 아닌 차갑고 냉철한 대처. 그러므로 혹독한 관리의 차가운 손은 두려움이 아니라 새로운 깨달음이기도 했다.

꿋꿋하고 냉정하게
살아간다는 것

이제 나는 수선화를 보며, 혹독한 관리의 차가운 손을 생각하며 어느 여름날을 떠올린다. 여름답지 않은 서늘한 바람 한 줄기가 불어왔던 기억이 있으나 그 기억은 이내 지나가버린 바람처럼 희미하여 확실히 그랬다고는 결코 말하지 못하겠다.

바위처럼 굳건한 장소는 똑똑히 기억한다. 비유가 아닌 실제 의미로서의 대궐 같은 나의 집이었다. 몇몇 제자는 글씨를 썼고, 몇몇 제자는 그림을 그렸다. 그들의 성취는 높았으나 내 안목은 더 높았다. 나는 그들의 피땀 어린 결과물을 냉정하게 평가했다. 글자의 삐침 하나, 그림의 붓질 하나 놓치지 않고 가혹하고 냉정하게 평가했다.

그렇다고 그 더운 여름날 모골을 송연하게 하는 혹평만을 가한 것은 아니었다. 나는 짧고 핵심적인 문장들로 그들을 칭찬하기도 했다. 그러나 대체로 나는 그들의 잘못에 얼음처럼 냉정했고, 그들의 진전에 마지 못해 옅은 웃음을 지었다. 그들은 고개를 숙이거나 끄덕였고, 땀을 흘리거나 닦았다. 서늘한 바람 한 줄기는 없었던 것 같다. 그들이 그리 땀을 많이 흘렸던 것을 보면. 서늘한 바람 한 줄기가 있었더라도 사정은 마찬가지였을 것 같다. 그들의 땀은 바람이 말릴 수 있는 것이 아니었으므로. 그러나 내가 말하고자 하는 것은 그날의 바람도, 그들의 땀도 아니다. 그날의 나는 그들에게 혹독한 관리의 차가운 손이었다는 것이다. 하여 그들 중 누군가가 내게 이렇게 말했던 것 같기도 하다.

"선생님은 혹독한 관리의 손을 가지셨습니다."

그 말에 나는 웃었던가, 아니면 허벅지를 탁탁 두드렸던가? 그들은 웃음으로 허리를 꺾었던가, 술잔 들고 먼 산을 바라보았던가?

내 혹독하고 냉정한 비판의 대상은 그들만이 아니었다. 꽤 많은 이들이 애호하는 이광사李匡師에 대해 퍼부었던 말들에 비하면 그들에게 한 말은 오히려 아기 살결 같은 부드러운 바람에 지나지 않았다. 이광사는 우리나라의 서법을 논하면서 "붓을 뉘어서 쓰기 때문에 획의 위와 왼쪽이 붓 끝으로 바르게 된다. 그래서 먹이 짙고 미끄러우며, 아래와 오른쪽은 붓의 중심이 지나가기 때문에 먹이 묽고 깔끄럽고 획은 치우쳐 완전하지 못하다"고 했다. 나는 그에 대해 이렇게 비판했다.

하나의 가로획을 네 가지로 나누어 말해 세세한 것 같으나 사실 말도 되지 않는다. 위에는 왼쪽만 있고 오른쪽이 없으며, 아래에는 오른쪽만 있고 왼쪽은 없단 말인가? 붓 끝으로 바르는 것은 아래에 미치지 못하고, 붓 중심이 지나가는 것은 위에는 미치지 못한단 말인가?

논리적인 비판이 아니라는 느낌을 받을 수도 있겠다. 그렇다면 정확히 읽은 것이다. 나는 장삼이사들이 이광사의 필결筆訣을 신줏단지처럼 떠받드는 것이 영 마음에 들지 않았다. 이광사를 혐오해서가 아니다. 황정견黃庭堅이나 소동파蘇東坡는 고사하고 안평대군이나 한석봉韓石峯보다도 못한 그의 글씨에 입을 벌리고 감탄하는 세태가 참으로 딱하게 여겨졌기 때문이다. 그 세태에 현혹된 까닭일까? 교만한 이광사는 생전에 황정견의 글씨를 비판하기까지 했다. 옛사람의 뜻에 부합하지도 않는 자기 나름의 이론을 만들어 사람들을 현혹시켰다.

참담하다. 그 이유는 이렇다. 모름지기 지붕 밖에는 푸른 하늘이 있다는 것을 알아야 한다. 그런데도 사람들은 방 안에 누워 지붕만 바라보며 자기가 바라보는 천장이 세상의 전부인 줄 안다. 그러므로 이광사에 대한 비판은 뜨겁고 졸렬한 것이 아니라 차갑고 심오한 것이었다. 이광사는 일정한 성취를 이루었다. 그러나 완전한 성취는 아니었다. 완전한 성취를 이루려면 푸른 하늘을 보아야 한다. 방 안에 누워 있는 이를 푸른 하늘로 끌어내기 위해 그렇게도 혹독하고 냉정하게 말했던 것이다.

이제 너는 알 것이다. 혹독한 관리가 혹독한 관리만은 아님을. 혹독한 관리는 실은 너의 손이고, 너의 마음임을. 구부러지기 쉬운 현실에서도 언제나 꿋꿋하고 냉정한 너의 손과 마음임을. 그러므로 이제 나는 의금부도사의 차가운 손이 나를 깨달음으로 이끌었다는 말을 번복해야 할 것임을.

그렇다. "혹독한 관리의 차가운 손을 기억하라"는 문장은 실은 내가 철이 든 이후부터 변함없이 간직했던 삶의 방식이었다. 의금부도사는 다만 그 기억을 육신에 되살렸을 뿐이다.

물론 극단적인 한 가지 삶의 방식을 택하는 것에는 대가가 따르기 마련이다. 내게는 유배가 그랬다. 너는 기억할 것이다. 대궐 같은 집에 의금부도사가 벌레 같은 군졸들을 이끌고 들이닥치던 그 어두운 밤을. 당당하던 내가 한순간에 죽음을 경각에 둔 죄인이 되어 종내는 유배에 이르게 되었던 그 기나긴 밤을. 나는 죄가 없다 항변했으나 사실 나는 내 죄를 잘 알았다. 모든 것이 결국은 내 잘못에서 비롯되었음을 모를 정도로 무지하지는 않았다는 뜻이다. 항변의 목소리가 생각보다 차갑고 낮았던 이유였다. 그렇다면 내 죄는 무엇인가? 내가 유배에 이르게 된 것은 김우명金佑明 때문이었다. 약 10년 전 김우명은 내 아비를 모해하는 상소를 올렸다.

전 감사 김노경金魯敬의 죄를 어찌 이루 다 주벌할 수 있겠습니까? 그는 남이 손댈 수 없는 위치를 차지한 덕에 실제로는 남보다 잘난 점도 없으면서 요직에 올라 가세를 과시했습니다. 그렇다면 감격하고 보답하는 마음을 가져야 할 터인데 탐욕스럽고 비루한 성격을 지닌 그는 벼슬을 얻지 못했을 때는 벼슬 얻기를 근심했고, 벼슬을 얻었을 때는 벼슬을 잃을까 근심했습니다. 사사로우며 사나운 행동을 거듭한 것도 그러한 까닭입니다.

너는 고개를 갸웃할 것이다. 비극적인 일이기는 했다. 내 아비는 무려 4년의 세월을 유배지에서 보내고 말았으니. 그렇기는 하나 유배에 이르게 된 사연을 말하면서 나는 왜 거의 10년 전 김우명의 상소, 그것도 아비와 관련한 상소를 말하는가? 그건 이렇다. 김우명이 내 아비를 물고 늘어진 것은 아비의 아들인 내가 미웠기 때문이었다. 나에 대한 적대는 김우명의 치졸하고 투박한 문장에 그대로 드러났다.

그의 요사스러운 자식은 항상 반론을 가지고 교활하게 세상을 살아갑니다. 인륜이 허물어지는 것도 두려워하지 않습니다.

그 요사스러운 자식이 바로 나였다. 그렇다면 김우명은 왜 나를 물고 늘어졌는가? 바로 내가 그를 파면시켰기 때문이었다. 사사로운 이유로 파면시켰다는 이야기는 아니다. 나는 암행어사로서의 직무를 다했을 뿐이었다. 임금에게 부여받은 나의 차갑고 혹독한 관리의 손으로 말이다. 김우명은 소인이었다. 소인이 그렇듯 영악하고 교활한 소인이었다. 죄 많으면서도 자복할 줄 모르는 그는 내 제자들처럼 웃지도 않았고, 땀 흘리지도 않았고, 술잔을 들고 먼 산을 바라보지도 않았다. 그는 이를 갈고 칼을 갈았다. 그 칼을 내 아비에게 꽂았다. 소인인 그는 잘 알았다. 내 등의 칼보다 아비의 등에 꽂은 칼이 나를 몇 백 배 더한 고통에 빠뜨릴 수 있다는 사실을.

너는 이렇게 말할 수도 있겠다. 슬프고 안타깝기는 해도 그것은 이미 지나간 일이라고. 그러나 이 세계의 이치가 그렇지 않듯 그 일 또한 결코 그렇지가 않았다. 그 뒤로 10년, 대사헌 김홍근金弘根은 죽은 내 아비의 죄를 다시 물어야 한다고 상소를 올렸다. 그가 노린 것은 물론 죽은 아비가 아닌 살아 숨 쉬는 나였다.

이는 무엇을 뜻하나? 나의 차갑고 혹독한 관리의 손에 칼로 맞대응한 것은 김우명만이 아니었다는 이야기다. 내가 비판한 게 그 두 사람만은 아니었다. 나는 제자들을 비판했고, 이광사를 비판했고, 정선鄭敾을 비판했고, 심사정沈師正을 비판했다. 그들이 미워서? 아니었다. 내 손은 차갑고 내 눈은 높아서였다. 방을 나서면 푸른 하늘이 있다는 것을 알기 때문이었다. 뜨거운 물을 부어 손을 데울 수도 없고, 높은 눈을 바닥으로 끌어내릴 수도 없고, 방 안에만 칩거할 수도 없는 일이었다.

나는 차가운 손과 높은 눈으로 세상을 조목조목 비판하며 방에서 나와 하늘을 보라고 했다. 내 제자들은 그 차가운 이면의 따뜻함과 목적의 고고함을 알고 있었지만 내 정적들은 달랐다. 그들에게 나는 겨울밤 이부자리에 틈입한 차가운 손이었다. 칼을 지닌 그들은 "앗 차가워" 하고 펄쩍 뛰는 대신 단칼에 나를 베어버리는 길을 택했다.

차가운 손이 가져온 해악은 이처럼 명확하다. 그러면 어찌해야 하나? 차가운 손을 버려야 하나? 혹독한 관리이기를 그만두어야 하나? 냉정하고 고고한 마음은 다 버려야 하나? 그럴 필요는 없다. 다행히 나는 목숨을 건졌으므로. 그렇다면 나는 끝없는 곤장 세례 속에서, 나의 죽음을 보고야 말겠다는 그들의 날카로운 결심 앞에서 어떻게 목숨을 건졌나?

옥사는 천하에 공평해야 하는 일이라 전형과 벌칙이 조금이라도 남용되어서는 안 됩니다. 법으로 처벌함이 마땅해도 정황이 미진하거나, 정황이 마땅해도 더 살펴야 할 법이 있을 때 대개 의문에 붙이고 마는 것은 정황과 법의 사이를 참작했기 때문입니다. 김정희가 절개를 거스르고 흉악함을 도모한 것은 진실로 끝까지 힐문한 것도 없이 대질시켜 증거를 얻어야 할 것입니다. 그러나 이미 그 국문의 사례가 없고, 신문을 더 하더라도 완결을 기약할 수가 없습니다. 이래

서야 과연 성스러운 조정이 가련한 사람을 구원해주는 뜻에 부합할
수 있겠습니까?

내 차가운 손의 전말을 아는 오랜 벗 조인영趙寅永의 상소였다. 내내
입 다물고 있던 이의 한 마디는 커다란 반향을 일으키는 법이다. 없
던 것으로 치부하기에는 너무도 큰 울림이 된다. 대왕대비는 부처 같
은 커다란 귀를 한 번 만진 후 이렇게 말했다.

"죄인 김정희를 대정에 위리안치하라."

다시 바람 한 줄기가 불었다. 네가 남겨놓은 서화가 흔들렸다. 너의
흔적이 행여 날아갈까봐 서둘러 귤중옥의 문을 닫았다. 바람은 문의
위력에 굴복하고 소멸했다. 소멸한 바람의 자리에 귤 향기가 났다.

그 향기를 맡으며 나는 코앞까지 다가왔던 죽음의 순간을 생각한
다. 그 암담함에서 다시 구원받은 순간을 생각한다. 차가운 손은 나
를 죽음으로 이끌 뻔했지만 결국 차가운 손은 다시 나를 죽음에서 구
해냈다. 차가운 손에도 피는 흐른다. 혹독한 관리의 마음에도 인정은
있다. 혹독한 관리는 차가운 손으로 방문을 열고 나와 하늘을 본다.

차마 너에게 올바른 것이 이긴다고는 말하지 못하겠다. 내가 올바
르기만 했다고도 말하지 못하겠다. 어떤 사람이 올바르기만 했겠는
가? 나는 올바르기도 하고 그르기도 했다. 그르기도 하고 올바르기도
했다. 그러나 중요한 것은 너의 그 차가운 피와 뜨거운 인정을 누군가

는 기억하고 아낀다는 것이다. 그렇기에 너는 결코 사지에 머무르지는 않는다는 것이다. 그러므로 혹독한 관리라는 말이 가져온 온갖 어두운 기억에 몸서리칠 너에게 나는 위로와 격려 삼아 이렇게 쓴다.

"혹독한 관리의 차가운 손을 기억하라."

위기와 절망에서 벗어나는 방법

위기를 두려워하지 말고 초연한 자세를 유지하라.

억울한 누명을 쓰고 유배지로 향하는 길에 만난 거대한 파도는 결국 목적지에 다다르자 잠잠해졌다. 이처럼 아무리 절망적인 상황도 언젠가는 끝이 있다. 매순간 흔들리는 마음에 이끌리지 말고 초연하게 자신이 처한 상황을 맞이한다면, 그 속에서도 새로운 길이 보일 것이다.

가끔은 냉정함을 버려야 할 때도 있다는 것을 명심하라.

절해고도까지 험난한 길을 걸을 때, 젊은 시절 중국에 있는 완원 스승과 마셨던 용단승설차 한 잔을 떠올리며 냉정한 마음을 다잡으려던 나는 의금부도사의 가벼운 농담 한 마디로 한없이 무거운 마음을 떨쳐낼 수 있었다. 이처럼 어려운 상황일수록 문제를 너무 심각하게 받아들이지 않는다면 명쾌하게 그 상황을 판단할 수 있는 힘이 생길 것이다.

꿋꿋하고 냉정하게 현실을 파악하라.

의금부도사는 비교적 평탄한 길에 들어서면서도 마음을 놓지 말라고 충고했다. 나는 그 순간 지금까지 왔던 절반의 길이 있다면, 앞으로 겪어야 할 절반의 길이 있다고 생각을 바꾸게 되었다. 현실의 차가움이 아닌 마음의 엄정함, 두려움 앞에 감정적인 굴복이 아닌 차갑고 냉철한 대처는 새로운 깨달음을 줄 것이다.

차가움, 그 이면에 있는 따뜻함을 잊지 마라.

나의 제자들을 비롯해 이광사, 정선, 심우명 등을 비판했던 것은 그들이 미워서가 아니었다. 내 손은 차가웠고, 내 눈은 높아서였다. 냉혹한 손과 눈으로 세상을 비판하면서도, 그 사람들이 자신만의 방에서 뛰쳐나와 푸른 하늘을 볼 수 있도록 하고 싶었다. 다른 사람을 엄정하게 대하더라도, 항상 따뜻한 인정을 잊어서는 안 된다. 사지에 내몰려도, 그 따뜻함을 기억하는 사람들이 반드시 너를 구할 것이다.

제2장

자신감은 확신에서
비롯된다

가치 없는 것들도
다르게 보면 가치가 있다

새벽 어스름에 눈을 뜬 나는 네가 남긴 서화를 뒤적거리다 수선화를 발견했다. 가슴이 절로 막막해졌다. 훈계로 눈이 어두워지고 귀가 먼 나는 네가 수선화를 그린 것조차 몰랐다. 너는 아직 꽃이 피지 않은 수선화를 그렸다. 너에게서 배운 한숨이 또 한차례 터져 나왔다.

날이 밝기를 기다렸다가 오랜만에 귤중옥을 나섰다. 문밖으로 발걸음을 내딛자마자 눈부터 비볐다. 눈병이 도진 것인가? 아니었다. 눈과 안개가 나를 가로막았다. 산과 들, 돌담과 보리밭은 흰 눈과 뿌연 안개로 가득했다.

봄날의 눈과 안개, 그것은 실은 수선화였다. 장소를 가리지 않고 온 천지에 흐드러지게 핀 수선화가 나의 늙은 눈에는 꼭 흰 눈과 뿌연 안개로 보였다.

계절의 자연스러우면서도 급작스러운 변화에 감탄하며 걸음을 옮기다 무언가가 발치에 살짝 닿는 느낌을 받았다. 이번에도 수선화였다. 밟지 않으려고 서둘러 발을 뒤로 빼다 중심을 잃는 바람에 하마터면 넘어질 뻔했다.

얼른 자세를 바로잡고 주위를 보았다. 이른 아침이라 다행히 그 누구도 내 우행을 목격하지 못했다. 다행이었다. 마음을 놓은 나는 다시 수선화에 시선을 주었다. 보기보다 강인한 수선화는 우발적인 폭력에도 아직 멀쩡했다. 이 또한 다행이었다.

어찌된 것이냐고 묻고 싶을 줄로 안다. 사연은 간단해서 차마 사연이랄 것도 없다. 그 수선화는 마을 사람들이 캐서 버린 것이었다. 내 눈에 흰 눈과 안개, 혹은 천하의 귀한 구경거리로 인식된 수선화는 마을 사람들에게는 하등 쓸모없는 사물, 아니 그것을 넘어서 쓸모 있는 사물을 방해하는 사물에 지나지 않는다. 보리밭에 난 수선화는 특히 그래서 호미의 화를 피해갈 수가 없다. 그러니 수선화는 용케 내 발을 피하기는 했어도 이미 그 전에 한 차례 화를 당한 후였던 것이다. 그것도 우발적이 아닌 철저하게 고의적인.

처음 겪는 일이냐고? 그렇지 않다. 해마다 겪은 일이라 익숙해질 때도 되었건만 버려진 수선화를 볼 때마다 처음과 마찬가지로 가슴이 섬뜩해지는 것은 도통 변하지 않는다.

수선화를 집어 들고 이리저리 살피다가 문득 옛 사람 굴원屈原을 생각했다. 일찍이 그는 이렇게 썼다.

내가 고인에게 미치지 못하니
누구와 함께 이 방초를 완성하겠습니까.

굴원의 한탄은 나에게도 그대로 적용된다. 이 절해고도에서 나를 가장 절망하게 했던 것은 바람도, 생물도, 질병도 아닌 사람이었다. 육지에서 고명한 유배객이 왔다는 소식은 고요와 적막의 대정을 시끌벅적한 장터로 바꾸어놓았다. 내가 도착한 날부터 출처를 알 수 없는 웅성거림이 생겨나 조금씩 커지더니, 며칠 되지 않아 갓을 쓴 이들이 우당탕 소리를 내며 집으로 들이닥치기에 이르렀다. 무모한 출몰과는 다르게 허겁지겁 고개를 조아리며 가르침을 베풀어달라고 하소연하는 그들을 차마 외면할 수 없어 《논어論語》 몇 구절과 굴원의 시를 들어 설명해주었다.

설명이 끝난 후의 풍경은 들이닥쳤을 때보다 더 볼만했다. 처음의 아우성과는 달리 그들은 잠잠했다. 눈만 껌뻑껌뻑하는 꼴이 바다에 사는 돔과 다를 바 없었다. 아니다. 귀한 물고기인 돔에 비유하는 것은 저들에게는 사치였고, 돔에게는 모독이었다. 저들은 그저 길 잃은 모기였다. 먹잇감을 보고 웽웽대던 모기들은 생전 처음 보는 철벽을 만나 갈 곳을 모른채 헤매고 있었다. 심란해진 나는 손을 들어 돌아가라 했다.

그들 중 한 사람이 엉덩이를 일으키려다 말고 물었다.

"굴원도 좋습니다만 당장 과거에 급제하려면 무엇을 어찌 해야 합니까? 우선 그것부터 좀 가르쳐주십시오."

하마터면 손바닥으로 모기를 때려잡을 뻔했다. 가르침에 앞서 간단하게 주고받은 문답에 의하면 여태껏 《통감通鑑》과 《맹자孟子》 외에는 단 한 권의 책도 읽어본 적 없는 사람들이었다. 새로울 것도 없는 《논어》와 굴원을 이야기한 것은 그런 이유였다. 《논어》와 굴원도 버거워 눈만 껌뻑거렸으면서 뻔뻔하게 과거에 급제하는 방법, 그것도 당장 급제하는 방법을 묻고 있었다. 나는 더 이상 아무 말도 하지 않고 그들을 내보냈다.

그들이 사라진 방 안에 혼자 앉아 있노라니 마음이 몹시 무거웠다. 물론 그들의 심정을 이해하지 못하는 바는 아니었다. 사방이 바다로 둘러싸인 절해고도였다. 바람과 생물과 질병이 거칠게 손 내밀며 벗하자고 하는 절해고도였다. 과거에 급제하지 않는다면 그들이 무슨 수로 바람, 생물, 질병의 거친 손짓을 이겨내고 이 절해고도에서 벗어나겠는가?

그렇다고는 해도 모든 일에는 순서가 있는 법이다. 나중에도 말하겠지만 문이 어디 있는지도 모르면서 방으로 들어가 아랫목을 차지하고 앉을 수는 없는 법이라는 말이다.

다행히도 모든 이들이 헛되고도 안타까운 열망에 빠져 있는 것은 아니었다. 한 차례 광풍이 사라지기를 느긋하게 기다렸다 내 방문을 연 이들은 기다림에 능한 이들답게 당장의 과거 급제 따위는 바라지도 않았다. 학식은 처음에 온 이들과 다를 바 없었다. 그러나 그들에겐 허겁지겁한 성격과 성마름 대신 열의와 진정성이 있었다. 그것이 바로 내가 그들을 물리치지 못하고 지금까지 붙잡고 가르치는 이유다.

나는 수선화 구근에 묻은 흙을 털었다. 어린아이를 안고 가듯 조심스럽게 손바닥에 올려놓고 귤중옥으로 돌아와 작은 화병에 꽂았다. 햇빛 비치는 책상 위에 안착한 수선화는 비로소 안도의 한숨을 내쉬는 듯했다. 꽃이 있고 없고는 달랐지만 그 연약함은 네가 그린 수선화를 그대로 닮았다. 너의 수선화와 길에서 가져온 수선화를 번갈아 보며 시를 썼다.

호미 끝에 버려진 이 심상한 물건을
밝은 창가 조촐한 책상 사이에 공양하네.

너의 수선화 때문일까, 길에서 가져온 수선화 때문일까, 혹은 눈병 때문일까? 아침 댓바람부터 주책없이 눈물이 나려고 했다. 눈가를 훔치며 심상하게 혼잣말을 했다.

"사물이 제자리를 얻지 못함이 이보다 심할 수는 없겠구나."

너도 많이 접해본 문장일 것이다. 나의 벗 권돈인에게 보낸 편지에서도 나는 비슷한 문장을 썼다. 그 문장은 이러했다.

토착민들은 수선화 귀한 줄을 몰라서 우마에게 먹이거나 짓밟아 버립니다. 보리밭에 유독 많이 난 까닭에 호미로 파내어 버리기도 합니다. 그런데 파내어도 곧 다시 나는 터에 아예 원수 보듯 하고 있답니다. 사물이 제자리를 얻지 못함이 이와 같습니다.

시 짓고 편지를 떠올린 의미는 명확하다. 고고한 자태 덕분에 예부터 문사들의 사랑을 한 몸에 받았던 수선화였다. 황정견이 "옥으로 살결을 이루었다"고 했던 그 수선화가, 김창업金昌業이 "연경의 시장에서 사오면서 값도 따지지 않았다"고 했던 그 수선화가, 절해고도에서는 뜻밖에도 이리저리 치이고 외면당하는 안타까운 현실을 말하고자 함이었다. 내 차가운 손으로 간신히 제 위치를 찾아주었음을 말하고자 함이었다. 그러나 그것만이 전부는 아니었다.

나는 수선화를 보며 어쩔 수 없이 너를 생각했다. 네가 처음 도착하던 날, 나는 너를 반가이 맞아주기는커녕 질책 한 바가지를 마중

물인양 질펀하게 퍼부어주었다.

물론 그 뒤에는 그리 대단하지 않은 사연이 하나 존재한다. 나는 절해고도를 방문하는 너에게 석암 유용劉鏞의 서첩과 소동파의《기정시첩岐亭詩帖》을 가져오라고 부탁했다. 네 눈썰미가 날카로운 몸매와는 달리 그리 야무지지 않다는 사실을 잘 알기에 내 늙은 기억을 더듬어가며 있을 법한, 혹은 있어야 할 위치를 알려주었지만 너는 끝내 그 책들을 찾지 못하고 빈손으로 내게 왔다.

너로서는 서운할 수도 있었겠다. 너를 보자마자 죄인 추궁하듯 손을 내밀고 책들부터 찾았으니. 책들이 없다는 것을 알고는 대역 죄인이라도 색출해낸 것처럼 화부터 냈으니.

너는 내가 퍼붓는 화를 다 받아들였다. 아무런 말도 하지 못하고 그저 고개만 숙이고 있을 뿐이었다. 너는 늘 그러했다. 가타부타 구구절절 설명을 늘어놓는 대신 오직 침묵을 무기 삼아 내 거친 화가 지나가기만을 기다리곤 했다. 너의 성향과 전략을 뻔히 아는 내가 계속해서 화를 퍼부을 수는 없는 일이었다.

이제 와서 고백하지만 사실 내 마음도 편치 않았다. 나는 목숨 걸고 절해고도로 건너온 너를 미처 반기지도 못했다. 나는 화를 내고 난 후에야 일의 순서가 뒤바뀌었다는 사실을 깨달았다. 이미 엎질러진 물이었다.

네가 끝내 견디지 못하고 "나를 닮은 사람이 되고 싶다"는 문장

하나만을 남기고 도망치듯 떠난 것은 어쩌면 그 잘못된 첫 만남 때문인지도 모른다. 안부도 제대로 묻지 않던 그 첫 만남의 기억이 절해고도에 머무는 내내 머릿속에 남아 밤낮으로 너를 괴롭혔기 때문인지도 모른다.

그렇기는 해도 어쩌면 별것 아닐 수도 있는 일에 내가 그토록 분노한 이유를 너는 정확히는 몰랐을 것이다. 머릿속이 안개로 뒤덮여 있으면서도 그런 유의 실수를 용납하지 않는 냉정한 나의 성격을 알기에 궁금하면서도 묻지도 못하고, 속에 든 문장이 있으면서도 대꾸하지 못했을 것이다.

사실 그 책들은 절해고도로 오는 다른 인편을 통해 받을 수도 있었다. 절해고도를 오가는 이가 너만은 아니므로. 한 번은 아우에게 이런 편지를 보낸 적도 있었다.

《예해주진藝海珠塵》 가운데 책 한 권을 뽑아놓았다. 《중성표中星表》 1권인데, 내 아이들이 이를 잘 거두어 넣었는지 모르겠구나. 요즘 나에게 오는 인편에 부쳐서 보내는 것이 어떻겠느냐.

하지만 이번에는 그렇게 하지 않고 너에게 부탁했다. 그 이유를 짐작하겠느냐? 그렇다. 네 생각이 맞다. 그것들은 바로 너와 함께 볼 책들이었기 때문이다. 너와 함께 논하고픈 책들이었기 때문이다. 그

때 내가 퍼부었던 문장을 너는 분명 또렷이 기억할 것이다. 그건 바로 내가 수선화를 책상 위에 올려놓으면서 뱉었던 문장과 흡사한 것이었으니. "사물의 올바른 위치를 기억하라"는 문장은 내 분노 속에서 여러 가지 다른 문장으로 변주되어 네게 전해졌다. 물론 그렇다고는 해도 본질은 달라지지 않았다.

네가 어떻게 그 문장을 받아들였는지는 모르겠다. 그 순간 이후 네가 떠날 때까지 그 이야기를 나눈 적은 없으니. 사물의 올바른 위치를 기억하라는 것은 아마도 일차적으로는 책의 위치조차 찾지 못하는 너에 대한 노골적인 책망으로 들렸을 것이다. 너의 인식은 그르지 않다. 그러나 과연 그러한 의미뿐이었을까? 고작 그 정도 이유로 내가 목숨 걸고 절해고도로 건너온 너에게 그렇게까지 심하게 화를 냈을까?

사람에게 의지하지 않고
시련을 견디는 힘

대정에 도착한 내가 처음 몸을 푼 곳은 송계순宋啓純의 집이었다. 집은 누추했으나 누추하지 않았다. 누추하다는 것은 내가 살던 궁궐 같은 집에 비교했을 때였다. 누추하지 않다는 것은 유배객의 일반적인 처소에 비교했을 때였다. 집은 안채와 바깥채로 나뉘어 있었다. 안채에는 주인이, 바깥채에는 내가 살기로 했다. 바깥채에는 온돌방과 툇마루와 부엌과 곳간이 있었다. 나는 툇마루에 앉아 사람들이 담장을 따라 가시울타리를 치는 모습을 물끄러미 지켜보았다.

답답했냐고? 그렇지는 않았다. 가시울타리 속에 들어앉은 내게는 그리 넓지는 않아도 마당까지 있었던 집이었다. 위리안치된 유배객에게 개구멍으로 음식을 넣어주던 참담한 시절도 있었다. 방문을 열면 가시울타리가 머리 바로 위에서 뱀처럼 입 벌리고 맞이하던 암울한 시절도 있었다. 그에 비하면 나는 과도한 환대를 받고 있는 셈이었다. 살아 있던 아내에게 다음과 같은 편지를 쓴 이유이기도 하다.

한 칸 방에 마루가 있고 집도 깨끗합니다.
새로 도배할 것도 없으니 오히려 과분하다 하겠습니다.

임무를 마친 의금부도사는 뒤도 돌아보지 않고 한양으로 돌아갔고, 홀로 남은 나는 절해고도에서 엉덩이를 붙일 구들장을 얻은 사실로 작은 위안을 삼았다. 좁기는 해도 제법 정갈한 거처를 얻고 나니 조그마한 기대가 싹텄다. 혹독한 관리의 차가운 손을 잘 아는 나이기에 어쩌면 이 시련을 의외로 잘 견딜 수도 있으리라는.

하지만 실상은 그렇지 않았다. 크게 고요하다는 대정은 텃세가 심해 유배객에게는 그 고요한 이름을 쉽게 허락하지 않았다. 대정으로 오면서 얻었던 차가운 깨달음은 머릿속에만 존재할 뿐 육화되지 못했다. 하여 내 몸은 작심하고 나선 대정의 공격에 속수무책으로 당했다.

바람이 제일 먼저 나를 반겼다. 바람은 나무를 뽑고, 담장을 무너뜨리고, 기와를 날려 보냈다. 사람들은 수십 년 만에 처음 있는 일이라 말하며 고개를 가로저었지만 신참 유배객인 나는 그 말을 믿을

수 없었다. 바람은 제집 뒷간 드나들듯 내 집을 수시로 들락날락하
며 뒤흔들었다. 그러므로 대정의 거친 바람은 초보 유배객인 내게는
이변이 아닌 일상이었다.

바람이 잦아들자 생물들이 나를 반겼다. 팔목만큼 긴 지네와 손
바닥만 한 거미가 침구 주변을 분주하게 움직이며 나의 아침을 재촉
했다. 뒤숭숭한 정신을 챙겨 문을 열고 나가면 뱀이 미끈한 고개를
들었고, 화들짝 놀란 제비의 호들갑이 그 뒤를 이었다. 바람과 생물
의 예기치 않은 환대를 받은 내 몸은 그에 어울리는 요란스러운 반
응으로 화답했다. 눈곱이 끼고 눈이 침침해졌다. 콧속에 종기가 나
고 혓바늘이 돋았다. 기침을 쏟고 피를 토해냈다. 온몸이 가려웠고
뱃속이 답답했다.

오래전 읽었던 《시경詩經》의 구절이 눈앞에 떠올랐다.

그렇지 않아도 걱정이 태산인데 아랫것들에게도 무시를 받습니다.
곤박을 당한 것도 많은데 업신여김 또한 적잖습니다.

나는 웃었다. 그러나 한순간뿐이었다. 《시경》 또한 나를 구제하지
는 못했다. 차갑고 냉정해지기는커녕 머릿속이 뜨거워졌다. 이대로
가다간 더 버티지 못하고 이내 죽을 것 같았다. 고고하게 죽는 것도
아니고, 구차하게 죽을 것 같았다. 그랬다간 순사殉死가 아닌 횡사橫死

가 될 터. 내 횡사를 막을 의원도 없었지만 차라리 순사하고픈 안타까운 심정을 토로할 벗도 없었다.

나는 육지에 두고 온 인연에 매달렸다. 혹독한 관리의 차가운 손처럼 냉정해지자는 고고한 다짐은 온데간데 없어지고 구구절절한 편지만 방 안에 가득했다. 만만한 아우에게는 대놓고 고통을 토로하고 세상을 비관했다.

혀에 난 종기와 콧속의 혹으로 고통을 겪고 있네. 의원들도 손쓸 수 없다고는 하지만 이 어찌 지루하게 몇 달이나 나를 괴롭힌단 말인가. 음식물은 삼키기도 어렵다. 간신히 삼켰어도 이내 체해서 소화가 되지 않는다. 처음 겪는 일들이라 도대체 어떻게 해야 할지를 모르겠다. 실낱같은 목숨이 구차하게 연장되면 그저 소식이나 전할 뿐이다. 너에게 묻고 싶다. 도대체 무슨 업보가 있어 나만 이런 고통을 당한단 말인가?

최소한의 염치는 남아 있는 까닭에 가족이 아닌 벗에게는 주먹으로 꼭꼭 눌러 모양 좋게 바꾸어놓은 고통의 문장들을 보냈다.

이 죄인은 3개월 동안 학질을 앓고도 다스리지 못했습니다. 그랬더니 원기가 손상되어 완전히 기력이 빠진 인간이 되었습니다. 식보

나 약보는 논할 것도 못 되고, 엉덩이에 살이 빠져 우선은 자리에 편히 앉는 것도 힘들 지경입니다. 이러고도 과연 오래 버틸 수 있을까요? 그러나 나는 이 모든 고통을 운명에 맡기고 자신을 인내하고 연마하는 일에 힘을 쏟고 있습니다. 인편이 있다는 말을 듣고 몇 자 적어 내가 살아 있음을 알려드립니다. 그러나 살아 있은들 또 뭐하겠습니까?

아내에게는 읽기만 해도 한숨이 절로 나오고 손발을 바쁘게 만드는 까다로운 요구의 편지를 썼다.

민어를 연하고 무름한 것으로 가려 사서 보내게 하십시오. 내려온 것은 살이 썩어 먹을 길이 없습니다. 겨자는 맛난 것이 있을 것이니 넉넉히 얻어 보내십시오. 가을 뒤의 좋은 것으로 네다섯 접이 되든 못 되든 선편에 부치고 어란도 거기서 먹을 만한 것을 구해서 보내십시오.

좋은 곶감이 거기서는 얻기 어렵지 아니할 것이니 배편에 네다섯 접 얻어 보내주십시오. 해소에는 매번 구급약이 되기에 이렇게 기별하오며 김치와 젓무도 부쳐주십시오. 김치는 제대로 된 그릇에 담아 보내주십시오. 그리 하지 않으면 겨울도 넘기지 못하고 변해버립니다.

일껏 해서 보낸 반찬은 마른 것 이외에는 다 상하여 먹을 길이 없습니다. 약식, 인절미가 아깝습니다. 하긴 늦으면 일곱 달 만에도 오고 쉬워야 두어 달 만에 오는 것이 어찌 성히 오겠습니까?

그러나 유배객의 처지와 육지에 머무른 이의 처지는 다르다. 요구에 요구가 이어지자 처음 느꼈던 그들의 심각함이 얼마 지나지 않아서는 이내 심상함으로 변질되었다. 아우에게 보낸 다음 편지는 상대의 심상함에 맞서는 내 전략을 가감 없이 보여준다.

철이는 초봄에 행장을 꾸려 보내려 하네. 철이가 곁에서 성심껏 도와주었는데 만일 앞으로 그 아이가 없으면 장차 어느 지경에 이를지 모르겠네. 한입으로 다 말하기도 어렵고 한 붓으로 다 기록하기도 어려우니, 이 일을 장차 어떻게 해야 하겠는가? 죽든지 살든지 간에 반드시 철이를 대신할 사람이 있은 다음에야 상황에 따라 일을 처리할 수 있을 것이니, 또한 서울에서 재량해주기를 기다릴 뿐이네. 어떤가, 나를 위해 다시 깊이 생각해줄 수는 없겠는가?

유약하고 인정 많은 너의 눈에는 벌써 눈물이 고였을 테지만 내 가슴에는 부끄러움이 차오른다. 수발 잘 드는 하인 철이를 독차지하려는 욕심이 편지에 차고 넘쳐 얼굴을 들기조차 민망할 지경이다. 그러나 부끄러움과 민망함을 억지로 발치에 밀어내며 말한다. 그때는 그랬다. 손 빠르고 눈치 빠른 철이마저 서울로 가버리면 혼자서는 도저히 절해고도에서 살아남을 수 없을 것만 같았다. 그리하여 나는 "내 해골을 수습해줄 사람도 없을 것"이라는 극단적인 문장까지 써가며 협박을 했다. 그럼에도 나는 정해진 수순을 바꾸지는 못했다. 철이는 내게 하직 인사를 하고 육지로 돌아갔다. 그 정도의 문장으로는 심상함을 이길 수 없게 된 것이다. 그렇다고 내가 물러섰는가? 그렇지 않다. 철이를 잃은 나는 책 한 권을 받기 위해서도 목숨을 걸었다.

죽기 전에 예전부터 보고 싶었던 것들을 점차로 가져다가 한 번씩 볼 계획이다. 그러므로 비록 별도의 경비를 들여서 특별히 사람을 부리는 일이라도 따지지 않고 도모하려고 하니 그렇게 헤아려주는 것이 어떻겠는가?

이제 곧 죽을 사람이 보고 싶다는데 책 보내는 일을 거부할 사람이 어디에 있겠는가? 그러나 그렇게 받은 책이 내 기분을 좋게 만들었다면 또 얼마나 좋게 만들었겠는가? 죽음을 담보로 얻은 책은 제때 도착했지만 입맛은 씁쓸했던 기억이 되살아난다.

네가 가져오지 못한 책은 아마도 그때의 우울했던 기억을 떠올리게 만들었을 것이다. 차가운 손을 기억하기는커녕 뜨거운 손을 내밀던 시절을 떠올리게 만들었을 것이다. 그리하여 나는 네가 저지른 잘못에 비해 몇 배는 더한 분노를 토해냈을 것이다. 그러나 과연 그러한 의미뿐이었을까? 고작 그 정도 이유로 내가 목숨을 걸고 절해고도로 건너온 너에게 그렇게까지 심하게 화를 냈을까?

보이지 않는 것이
더 중요하다

애호艾虎를 쓴 것은 그즈음이었다. 몸과 마음이 모두 병든 나는 어렵게 얻은 책을 펼쳐 보지도 않고 책장에 쌓아두었다. 나는 아예 잠을 못 이루었다. 쉽게 잠드는 이는 밤이 얼마나 긴지 아예 모를 것이다. 하룻밤의 길이가 내겐 꼭 1년 같았다. 잠이 오길 기다리는 게 아니라 닭 우는 소리만을 기다리고 또 기다렸다.

세상은 어둡고 쓸쓸했다. 내 마음도 어둡고 쓸쓸했다. 내 마음이 없는 세상은 무지몽매한 세상, 그러므로 문명文明이 없는 세상이었다. 나는 문명 없는 절해고도의 외로운 주인이었다. 그렇게 어둡고 무기력한 상태로 서른 날이 넘는 밤을 보냈다. 그럼에도 나는 살아 있었다. 그러나 나는 살아 있는 게 아니었다. 나는 그저 방 안에 갇혀 숨만 쉬는 존재였다. 순사 아닌 횡사를 눈앞에 둔 내가 붓을 든 것은 의지가 아닌 몸에 붙은 오래된 습관의 결과였다.

애호, 늙은 호랑이라는 글씨를 썼다. 내가 호랑이었던 시절이 있기는 했나? 있기는 했을 것이다. 그러나 그때를 그리워하며 호랑이를 쓴 것은 아니었다. 내 머릿속에 있는 것은 호랑이가 아니라 고양이였다. 네 허벅지에 늙은 고양이를 넣어두었다 장담했지만, 혹독한 관리의 차가운 손을 기억하리라 장담했지만, 정작 나는 그러지 못했다. 늙은 고양이의 형형한 눈빛을, 나는 대정의 바람과 생물과 질병 속에서 어느 순간엔가 완벽하게 놓치고 말았다. 사라진 늙은 고양이는 좀처럼 내 앞에 다시 나타나지 않았다. 늙은 고양이를 찾아다닐 기력도, 의욕도 없었다. 하여 나는 늙은 호랑이를 불러들인 것이다. 불러들였다기보다는 늙은 호랑이의 위치로 전락해버린 것이었다. 호랑이가 고양이보다 윗길이라 말할 수도 있겠다. 그렇지 않다. 이는 겉으로 보이는 사물의 모습에 현혹되는 것이다.

보이는 것보다 중요한 게 바로 보이지 않는 것이다. 호랑이의 머릿속에 든 것이 바로 고양이다. 고양이가 사라진 순간 호랑이는 늙은 호랑이가 된다. 이제 너는 내가 하려는 말을 알 것이다. 그렇다. 나는 늙은 고양이를 잃어버렸다. 내 허벅지나 수선화 앞에 있어야 할 늙은 고양이는 간다는 말도 없이 내 곁을 떠나버렸다. 고양이의 잘못이 아닌 내 잘못이다. 내가 간수를 못한 탓이다. 너에게 적은 문장대로 말

한다면 사물의 올바른 위치를 기억하지도 못한 잘못이다. 그럼에도
멍텅구리 같은 나는 죽음을 목전에 둔 그 순간에도 그 사실을 겸허
하게 받아들이지 못했다. 나는 올바른 위치를 잃어버린 또 다른 사
물을 내밀며 광대한 울분을 토했다. 그 사물은 절해고도의 아이들
이 일찍이 간파했듯 바로 나였다.

내가 누구이던가? 내 증조부인 월성위月城尉 김한신金漢藎은 영조 임
금의 사위였고, 조부 김이주金頤柱는 대사헌을 지냈으며, 아비는 대과
에 급제해 노회한 정객으로 일세를 풍미했다. 어미의 집안은 또 어떠
한가? 외조부 유한소兪漢蕭는 함경도 관찰사를 지냈고, 문장가인 유
한준兪漢雋과는 사촌 형제지간이었다. 유척기兪拓基, 유언호兪彦鎬도 배
출했으니 내로라하는 명문 중의 명문인 것이다. 나는 어미의 태중에
20개월 넘게 있었다고 한다. 내가 보통 사람이 아니라는 증거다. 내
가 태어나자 말라가던 샘이 솟고 시들어가던 나무가 생기를 되찾았
다는 이야기도 전한다. 빛나는 가문의 적통이 나로 이어짐을 알려주
는 상징적인 장면이다.

너는 내가 하려는 이야기를 알겠느냐? 나는 나이되, 내가 아니었
다. 내가 곧 가문이었고, 가문이 곧 나였다. 그것이 바로 나라는 사
물이 있어야 할 제대로 된 위치였다. 어디 나와 내 가문만 그러한가?
그렇지 않다. 내 벗들은 또 어떤 이들이던가? 안동 김씨의 대들보인
김유근은 당파가 다름에도 나와 돌처럼 단단한 우정을 나누었다. 그

는 일찍이 내게 이런 글을 보여주었다.

　나와 이재와 추사는 사람들이 말하는 석교石交다. 서로 만나면 정
　치적 득실과 인물의 시비에 대해서는 말하지 않고, 영리와 재물에
　대해서도 언급하지 않는다. 다만 고금古今에 대해 이야기하고 서화書
　畵를 품평할 뿐이다. 하루라도 보지 않으면 문득 슬퍼하며 실성한 듯
　하였다.

　영의정을 지낸 이재 권돈인權敦仁은 나의 반쪽이나 마찬가지다. 책
을 빌려주는 데 있어 늘 까다로웠던 나였지만 권돈인만큼은 예외였
다. 나는 권돈인이 원하면 책장 깊숙이 감춰놓았던 책들을 득달처럼
달려가 꺼내주었고, 없는 책은 연줄을 동원해 이리저리 알아본 후
지체 없이 구해주었다. 권돈인 또한 마찬가지였다. 그러므로 내 책이
내 책장에 없다면 그것은 권돈인의 책장에 가 있는 것이었고, 권돈
인의 책이 그의 책장에 없다면 그것은 내 책장에 와 있는 것이었다.
우의정을 지낸 조인영에 대해서는 더 말할 필요도 없을 것이다. 나와
함께 과거시험에 합격한 그는 결국 내 목숨까지 구해주었으니 말이
다. 고귀한 김유근과 권돈인과 조인영은 내가 있어야 할 위치가 어디
인지를 정확히 알려주는 나침반과 같은 존재들이었다.
　유배객이 된 아비를 위해 임금 앞에서 꽹과리를 쳤던 사건을 이미

너는 여러 번 들었으므로 꼭 네가 겪은 것처럼 정확히 기억하리라 믿는다. 나는 임금의 행차길에 꽹과리를 들고 나타나 이렇게 호소했다.

흉언 사건은 너무도 허황되어서 원통합니다. 제 아비가 흉언을 했다면 말했던 장소가 있을 것이고, 들었던 사람이 있을 것입니다. 이 일이 과연 어떠한 사안인데 지금껏 가려져 있다가 10년 뒤에야 나타났단 말입니까? 제가 사람의 자식이 되어 아비가 이러한 오명을 쓰고 있는 것을 보고만 있을 수는 없습니다. 그래서 만 번 죽음을 무릅쓰고 원통함을 호소합니다.

꽹과리를 든 호소는 받아들여지지 않았다. 위법은 아닌 탓에 처벌은 면했지만 내 행동에 대한 적잖은 비난도 일었다. 장삼이사나 하는 짓을 내가 했다는 이유에서였다. 그럼에도 나는 꿋꿋했다. 내 행동의 정당함을 믿었기 때문이었다. 나는 내가 아니었다. 나는 가문 속의 나였다. 나는 나를 위해 꽹과리를 든 것이 아니라 추락한 가문의 올바른 위치를 되찾기 위해 꽹과리를 들었다. 분명 꽹과리를 든 호소는 이후 내 유배에도 큰 영향을 미쳤을 것이다. 내 의도는 가문의 올바른 위치를 되찾는 데 있었지만 올바른 나의 위치마저 빼앗겨버리는 결과를 낳고 말았다.

그러나 나는 지금 너에게 나와 가문의 위치에 대해 장황하고 비현실적인 훈계를 늘어놓으려는 게 아니다. 그와는 반대라고 해야겠다. 알겠느냐? 결국 나는 내 가장 어두웠던 시절에 대해 회고하고 있는 것뿐이니. 그리하여 그 어두웠던 시절이 어떻게 내 머릿속에 흔적을 남겨 목숨 걸고 절해고도로 건너온 너에게 그토록 심한 화를 낸 것인지를 솔직하게 고백하는 것뿐이니. 그리하여 "사물의 올바른 위치를 기억하라"는 하나의 문장이 실은 책이나 수선화가 아닌, 내 삶을 가로지르며 나를 괴롭히거나 웃음 짓게 했던 수많은 일들과도 직접적인 연관이 있으며, 생각보다 더 긴밀한 연관이 있음을 알려주려고 한 것뿐이니.

자신의 확신을
의심하지 마라

그렇다면 너는 내게 이런 질문을 던져야 마땅하다. 나는 어떻게 늙은 고양이를 되찾았을까, 어떻게 횡사의 유혹을 극복하고 너에게 "사물의 올바른 위치를 기억하라"는 문장까지 남길 수 있게 되었을까, 하는.

해법은 바로 화첩과 수선화에 있었다. 화첩이 먼저였는지 수선화가 먼저였는지는 기억나지 않는다. 그리 오래전 일도 아닌데 언제 걷힌지도 모르는 아침안개처럼, 언제 녹은지도 모르는 봄눈처럼, 그 시기와 선후 관계가 모호하기만 하다. 그러나 무엇이 먼저였는지는 사실 별로 중요하지 않다. 집 나간 늙은 고양이를 되찾았다는 것, 그것이 실은 올바른 위치를 기억하는 것과 밀접한 관계가 있다는 사실만이 지금은 중요할 뿐이다.

화첩에 얽힌 해법은 이렇다. 어느 날 모기 다리처럼 짧고 가는 잠자리에서 일어난 나는 지네 한 마리가 내 발목을 지나가는 광경을 보았다. 지네는 서두르지 않았다. 서두르기는커녕 발 하나하나 움직임을 느끼며 유람이라도 하듯 느긋하게 움직였다. 나는 신음소리를 내지도 않았다. 주먹을 움켜쥐지도 않았다. 횡사 직전이면서도 심장이 겁 없이 빠르게 뛰는 게 오히려 신기할 따름이었다.

긴 시간을 들여 마침내 발을 지나친 지네는 나를 지나 책장 쪽으로 향했다. 내 시선도 책장으로 향했다. 화첩 하나가 눈에 들어왔다. 장경張庚이 이름난 화가들의 그림을 직접 모사해 만든 화첩이었다. 늘 곁에 두고픈 마음에 육지에서 가져온 화첩이었다. 그러나 그 화첩을 한 번도 제대로 음미하지는 못했다. 펼쳐보지 않았다는 뜻이 아니다. 횡사의 유혹에 빠지기 전만 해도 아침부터 밤까지 붙들고 보았다. 붓을 들고 모사하기도 했다. 그러나 그것은 모두 지난 일이었다. 고통이 극에 달한 그즈음 나는 그 화첩의 존재조차 모르고 있었다.

지네가 사라지기를 오래 기다렸다 화첩을 펼쳤다. 화첩은 말 그대로 나를 빨아들였다. 꼭 난생 처음 접하는 화첩 같았다. 정신없이 넘기다가 마지막 장에 이르렀다. 익숙한 글씨가 보였다. 내가 쓴 글이었다.

원나라 예찬倪瓚과 황공망黃公望 이후의 참된 실체이자 진수다. 함부로 다른 사람에게 보이지 마라. 절대로 팔지도 마라. 나는 이것을 평생 소중히 간직하며 감상했다.

마지막 문장을 읽는 순간 차가운 물 한 바가지를 정수리에 쏟아부은 느낌이 들었다. 늙은 고양이의 웃음소리를 들은 것도 바로 그 순간이었다. 화첩 안에는 내가 있었다. 나라는 존재가 자리를 잡고 나를 부르고 있었다. 예찬과 황공망이 되기를 꿈꾸며 수많은 붓과 먹을 망가뜨렸던 내가 나를 부르고 있었다. 나는 그저 웃었다. 고양이도 집으로 돌아왔지만 나도 집으로 돌아온 순간이었다. 집이 가까이 있다는 사실, 내가 있어야 할 곳이 실은 내가 있는 곳이라는 사실, 그 간단한 사실을 나는 왜 모르고 있었을까? 초연함과 쓸쓸함으로 점철된 장소가 내가 있어야 할 유일한 장소라는 사실을 왜 까맣게 잊고 있었을까?

나는 절해고도에 떨어진 것이 아니었다. 절해고도는 지금의 내게는 정확히 내가 있어야 할 곳이었다. 이곳은 내가 기억해야 할 또 다른 나의 위치이자 어쩌면 가장 정확한 위치였다. 나는 전락한 것도, 추락한 것도 아니었다. 나는 그저 흐르고 흘러 초연함과 쓸쓸함의 세계에 온 것이었다. 그러니까 대정 아니던가? 비로소 나는 그 이름의 존재 이유를 알게 되었다.

이제 너는 내가 말한 그 화첩이 너도 모르게 네 짐에 들어가 있던 그 화첩이라는 사실을 깨달았을 것이다. 그렇다. 나는 너를 만난 그

날 장경의 화첩을 네 짐에 넣어두었다. 어쩌면 네가 도망치듯 갑작스럽게 떠날 것임을 그때 이미 예감했는지도 모르겠다.

그 예감은 접어두고 다시 화첩 이야기를 하기로 한다. 내가 그 화첩을 너에게 준 이유는 능히 짐작할 것이다. 그렇다. 늙은 고양이다. 깨달음의 순간 이후 장경의 화첩은 늙은 고양이처럼 내 몸의 일부가 되었다. 장경의 화첩은 있어도 없는 것이고, 없어도 있는 것이 되었다. 그리하여 나는 초의에게 늙은 고양이 그림을 주었고, 너에게는 장경의 화첩을 준 것이다. 물론 그것들을 내 몸에 늘 온전히 간수하기는 쉽지 않다. 집을 나간 늙은 고양이는 찾기도 어렵다. 그렇더라도 사물의 제 위치에 대한 상념을 통해 이제는 아주 잃어버리지는 않을 것이라는 작은 믿음 정도는 가지게 되었다. 내 문장을 읽은 너는 이제 내가 그 화첩을 보내며 함께 쓴 문장의 의미를 제대로 깨닫게 되었을 것이다.

그 굽은 길로 가면 반드시 가시밭길로 들어서게 될 것이다. 그 바른 길로 가면 반드시 종착지로 이끄는 길로 들어서게 될 것이다.

화첩은 그렇다 치고 또 다른 해법이 수선화라는 것은 어찌된 일인가? "사물의 올바른 위치를 기억하라"는 문장이 기실 권돈인에게 보낸 편지의 수선화에서 비롯되었음은 너도 기억할 것이다. 내게 있어 절해고도의 수선화는 늘 제자리를 얻지 못한 안타까운 사물이었다. 하지만 그것은 사실 수선화의 한 가지 모습에 지나지 않았다. 그러니까 수선화는 제자리를 얻지 못하되, 제자리를 얻은 사물이기도 하다는 뜻이다. 도대체 무슨 말인가? 이를 위해서는 오성준과의 첫 만남을 회상해야 한다.

횡사의 유혹에 빠져 있던 때, 혹은 화첩으로 그 유혹을 이겨내던 때, 혹은 그 사이 어느 때인가 나는 오성준을 처음 만났다. 그날의 풍경만은 생생하다. 기별도 없이 문이 덜컥 열렸다. 문밖에는 눈빛이 꽤나 날카로운 남자가 서 있었다. 그 눈빛 때문일까, 나는 아주 잠깐 남자를 늙은 고양이로 오해했다. 남자는 너와 하나도 닮지 않았으되 너와 닮기도 했다. 꽤 날카로운 눈빛은 너와 닮지 않았으되 구구절절 설명하지 않는 버릇은 너와 닮았다. 그 버릇은 사실 너보다 조금은 지나쳐 오히려 무례하다고 느낄 정도였다. 그는 제 이름만 간단히 소개한 후 질박한 화분에 담긴 수선화를 곧장 건네며 이렇게 말했다.

"선생에게 잘 어울리는 집이 있습니다. 그리로 옮기십시다."

그 남자가 바로 오성준이었다. 그러니까 오성준은 강도순이 주인인 지금의 귤중옥을 내게 소개시켜준 사람이었다. 나는 오래 생각하지도 않고 고개를 끄덕였다. 매사에 까다로운 내가 어찌 그리 쉽게 응낙했는지 의아할 수도 있겠다. 그러나 나는 그런 사람이기도 하다. 까다로울 때는 한없이 까다로운 반면, 마음의 결정을 내리는 데는 그리 오래 걸리지 않는 사람이기도 하다.

그렇다고는 해도 본질적으로는 까다롭기 그지없는 내 마음을 그리 쉽게 결정한 까닭은 바로 수선화 때문이었다.

이렇게 말하겠다. 질박한 화분에 담긴 수선화는 바로 오성준이었다. 나는 그 수선화를 통해 오성준이 어떤 사람이고, 어떤 위치에 있는 사람인지를 한눈에 알아보았다. 절해고도의 버려진 수선화가 때로는 제 위치를 찾은 것일 수도 있겠다는 생각을 그때 처음으로 해보았다. 어떻게 그럴 수가 있느냐고? 대답하기는 쉽지 않다. 질박함, 수선화, 오성준은 그때만큼은 하나로 엮이는 쌍둥이 같은 단어들이었다고 말할 수 있을까? 그러나 바로 그 순간 수선화와 관련된 또 다른 단어의 묶음들을 떠올렸던 것도 사실이었다. 그 묶음은 고고함, 처연함, 수선화, 다산 정약용 선생이었다.

내 아비가 평양감사를 지내던 시절이었다. 중국에 다녀온 사신이 아비에게 선물로 수선화를 건넸다. 수선화가 꽤 값나가는 물건이었음은 앞서 김창업의 시를 통해 이미 넌지시 언급한 바 있다. 아비가 넘겨 준 그 귀한 수선화를 나는 어떻게 했는가? 별다른 고민도 하지 않고 곧바로 정약용 선생에게 보냈다. 고민할 필요도 없었다고 해야겠다. 내게 귀한 수선화를 보낼 만한 사람은 그때는 선생밖에는 없었다. 나는 수선화의 품격과 절묘하게 어울리는 오래된 고려청자를 찾아 그 안에 담아 보냈다. 내가 아는 선생은 귀한 물건을 받고 모른

체하는 사람이 아니었다. 과연 선생은 수선화를 받은 기쁨을 오래된 인연이 담긴 시 한 수로 바꾸어 내게 주었다. 수선화라는 제목 밑에는 "늦가을에 벗 김정희가 고려청자에 담긴 수선화를 보내주었다"는 설명까지 붙어 있었다.

> 신선의 풍채나 도사의 골격 같은 수선화가
> 30년을 지나 나의 집에 이르렀다.
> 복암 이기양李基讓이 옛날 사신길에 가지고 왔었는데
> 추사가 이제 대동강가 아문으로 옮기었다오.

30년을 지나 이르렀다는 것은 무슨 뜻인가? 경신년(1800) 봄, 복암 이기양은 사신으로 다녀오면서 수선화를 가져왔다. 선생은 선물로 받은 그 수선화를 벗들과 함께 감상했다. 그러나 그 얼마 뒤에 수난이 닥쳤다. 천주교와 엮인 이기양은 유배지에서 생을 마감했고, 나처럼 혹독한 관리의 자질을 타고났던 선생 또한 꼼짝 없이 유배객의 신세가 되었다. 귀한 수선화는 선생에게 회한을 안겨준 수선화로 바뀌었다.

그 뒤로 30년이 지나 내가 보낸 수선화가 도착했다. 그 수선화를 보는 선생의 감회가 어떠했겠는가? 너와 나 같은 사람들이 짐작이나 할 수 있겠는가? 선생이 내게 받은 수선화를 30년을 지나 이르렀다 표현한 것에는 그러한 사연이 숨어 있었다. 선생을 존경했던 나는 물론 그 사연을 잘 알고 있었다. 그래서 별다른 고민도 하지 않고 수선화를 보낸 것이다.

나는 수선화를 오래된 고려청자에 담아 보냈다고 했다. 이 점도 너는 깊이 생각해보아야 한다. 수선화도 귀한 사물이었지만 실은 고려청자가 더 귀한 사물이었다. 아비는 내게 약간의 염려 섞인 말을 하기도 했다. 값비싼 고려청자가 수선화의 추억과 아취雅趣를 없애는 것은 아니냐고. 그렇지 않았다. 값비싼 고려청자의 은은한 비색이 수선화와 추억을 더 귀하게 만들어주었다. 선생이 보낸 시가 그 사실을 여실하게 증명한다.

나는 오성준이 건넨 수선화를 보면서 오성준과 질박함을, 정약용 선생과 고고함과 처연함을 어느 것이 먼저랄 것도 없이 동시에 떠올렸다. 수선화는 오성준과 정약용 선생에게서 제 위치를 찾은 사물이었다. 질박한 그대로, 고고한 그대로, 처연한 그대로 위치를 찾은 사물이었다.

내게도 그러했다. 나는 수선화를 통해 오성준을, 정약용 선생을, 그리고 내 위치를 기억했다. 오성준에게서 수선화를 받은 나였고, 정약용 선생에게 수선화를 보낸 나였다. 수선화는 절해고도의 버려진 사물이었고, 오성준의 손에 들려 내게 전해진 사물이었으며, 내 손에 의해 정약용 선생에게 보내진 사물이었다. 그리하여 수선화는 화첩과 함께 나의 올바른 위치를 알려주고 늙은 고양이를 되찾게 한 사물이 되었다. 내가 일면식도 없는 강도순의 집으로 옮긴 데는 오성준의 날카로운 눈빛 말고도 그러한 사연이 있었다.

바른 길을
제대로 찾아야 한다

나는 책을 찾지 못한 너에게, 목숨을 걸고 절해고도를 건너온 너에게 그토록 심하게 화를 낸 이유를 아직 말하지 않았다. 애호와 화첩과 수선화를 말했으니 이제 그 이유도 말해야 할 것이다. 그러기 위해서는 장경의 화첩과 함께 보낸 그 문장을 다시 한 번 떠올려야 한다.

그 굽은 길로 가면 반드시 가시밭길로 들어서게 될 것이다. 그 바른 길로 가면 반드시 종착지로 이끄는 길로 들어서게 될 것이다.

이제 짐작이 가느냐? 내가 쓴 것처럼 너는 이제 천 리 길을 가려는 자다. 나는 그 천 리 길을 먼저 간 자다. 그러므로 나는 바른 길과 굽은 길을 구분할 줄 안다. 혹독한 관리의 차가운 손을 아예 잊고 순사도 아닌 횡사의 유혹에 빠질 뻔한 경험, 애호를 거쳐 화첩과 수선화로 그 유혹을 이겨낸 경험은 이제 나에게는 크나큰 재산이 되었다. 하여 나는 천 리 길을 먼저 간 자이고, 그 길의 곡절을 잘 아는 자가 된 것이다. 그런 내 눈에 이제 막 천 리 길을 가려는 너는 위태롭게만 보인다. 너는 길에 들어섰으면서도 머뭇거리기만 하고 의심의 눈초리를 거두지 않는다. 그 머뭇거림과 의심이 싫다. 혹여 너는 이렇게 생각하는 것은 아닌가?

'나는 무엇이 옳은지도 모르겠고 무엇이 그른지도 모르겠다. 이 길이 과연 길이기는 한 것인가? 이 길이 길인지 알기 위해서는 내가 더 살펴봐야 하는 것은 아닌가?'

나는 네가 겉보기엔 한정 없이 많아 보이는 시간과 마음을 그런 식으로 허비할까 두렵다. 시간과 마음은 기실 그리 풍부한 물건들이 아니다. 그것들은 한순간 바닥을 드러낸다. 책 한 권에 그렇게 심한 화를 낸 것은 그런 이유였다. 나는 그 책들과 함께 너의 천 리 길이 쉬운 길이 되기를 바랐다. 네 위치를 정확히 안다면 분명 그 길은 쉬울 것이다. 하지만 너는 그 책들을 잊었다. 화첩과 수선화가 나를 살렸는데, 너는 책 한 권부터 잊었다.

너의 고의는 아니었을 것이다. 나는 너의 착한 심성을 그 누구보다 잘 알고 있다. 너의 깊은 속내와 회한과 성실을 누구보다 잘 알고 있다. 그랬기에 더 화를 내는 것이다. 안타깝게도 너는 제 위치조차 찾지 못하고 있다. 천 리 길에 들어섰으면서도 곧장 앞으로 가지는 않고 갈팡질팡 헤매기만 한다. 너의 서화가 그렇고, 너의 수선화가 그렇고, 책과 함께 오지 않은 네가 그렇다.

너는 나를 닮고 싶다 했다. 수선화의 꽃도 보지 못한 네가 가는 그 길이, 책도 잊은 네가 가는 그 길이 과연 쉽겠느냐?

너의 수선화를 다시 보았다. 나는 붓을 들고 꽃을 그리고 싶은 유혹을 간신히 이겨냈다. 하등 쓸모없는 인정에 사로잡힌 행동일 뿐이라는 것을 곧바로 깨달았기 때문이다. 너는 분명 나를 닮고 싶다 했다. 그러기 위해서는 어찌 해야 하겠느냐? 혹독한 관리의 차가운 손을 떠올리며 또 다른 문장을 분명히 가슴에 담아두어야 한다. 그 문장은 이렇다.

"사물의 올바른 위치를 기억하라."

걱정과 불안 앞에서 흔들리지 않는 방법

추사의 가르침 2

모든 일에는 반드시 먼저 해야 할 일의 순서가 있는 법이다.

유배지에서 만난 사람들은 나를 만나자마자 대뜸 과거에 당장 급제하는 방법이 무엇인지부터 알려고 했다. 하지만 열의와 진정성이 있는 이들은 기다림에 능했고, 한 차례 무리들이 지나간 후에야 나의 방문을 두드렸다. 뒤늦게 찾아온 이들에게 나의 학식을 가르친 이유 또한 당장의 과거 급제를 바라지 않는 이들의 마음을 읽었기 때문이다. 무슨 일이든 조급하게 서두르면 일을 그르치게 되니, 천천히 그 과정을 미리 헤아리기 바란다.

눈에 보이는 것에만 현혹되지 마라.

문명 없는 유배 생활을 보내면서 나는 어둡고 무기력한 나날을 보냈다. '늙은 호랑이'를 글씨로 쓰며 나의 위치를 다시금 다잡았다. 겉으로 보이는 사물에만 현혹되었다면, 아마도 가혹한 현실에 지쳐 실의에 빠졌을 것이다. 나의 위치를 파악하지 못하고, 보이지 않는 중요한 것들을 붙잡아두지 않았다면 마음이 약해져 아무것도 할 수 없었을 것이며, 지금의 나 또한 없었을 것이다.

내가 있어야 할 곳은 반드시 존재한다.

화첩과 수선화를 보면서 나는 늘 제자리를 찾지 못한 안타까운 사물이라고 생각했다. 하지만 이 사물들은 나의 올바른 위치를 알려주고 내 안의 늙은 고양이를 되찾아주었다. 초연함과 쓸쓸함으로 보낸 절해고도에서 깨달은 것은 결국 내가 있어야 할 유일한 장소가 바로 이곳이라는 점이었다. 만약 내가 스스로 전락하거나 추락했다고 여겼다면 아마 단 하루도 버티지 못했을 것이다.

머뭇거림과 의심의 시간을 없애라.

너의 깊은 속내와 회한, 성실함을 나는 누구보다 잘 알고 있지만, 길에 들어섰음에도 머뭇거리기만 하고 의심의 눈을 거두지 않는다면 시간과 마음을 허비하는 것과 마찬가지다. 옳은 길이든 아니든 네 위치를 알고, 길에 들어섰다면 곧장 걸어가라. 길에서 갈팡질팡 헤매다보면 그 사이 나타나는 여러 가지 유혹에 빠지기 쉽기 때문이다.

제3장

간절히 원하면
이루어진다

원한다면 기꺼이
고개부터 숙여라

한라산에 감로수 #露水가 나오는 나무가 있다는 사실을 너는 아느냐? 육지에만 살았던 너로서는 처음 듣는 이야기일 것이다. 나도 그랬다. 네가 오기 얼마 전에야 감로수의 존재를 알게 되었으니. 끝이 보이지 않을 정도로 높다란 나무의 굵기는 한 뼘을 조금 넘는 정도였다. 언뜻 보기에는 보통의 나무와 다르지 않았다. 오성준이 수염을 쓰다듬으며 나무에서 감로수가 나온다고 말을 했을 때 나는 속으로 이렇게 생각했다.

'평범한 나무에서 감로수가 나올 리가 없다. 지저분한 물이, 그것도 조금 흐르다 말 것이다.'

감로수 운운하는 말을 듣고 나는 견문이 부족한 절해고도인의 무지한 과장이려니 생각한 것이다.

내가 틀렸다. 칼로 밑동에 구멍을 내니 감로수가 작은 폭포처럼 힘차게 흘러나왔다. 감로수는 큰 병 하나를 채우기에 부족하지 않았다. 양만 많은 것도 아니었다. 감로수는 맑고도 맛이 달았다. 일찍이 중국인이 쓴 책에서 "나무의 즙이 감로와 같다"는 대목을 읽은 적이 있었다. 나는 그럴 리가 없다고 의심했다. 《산해경山海經》식의 과장이라고 결론을 내렸다. 그 또한 내가 틀렸다. 중국인의 저술에는 착오가 없었다. 견문이 부족해 착오를 일으킨 것은 바로 나였다.

감로수를 거듭 맛보며 두고 온 거처 귤중옥을 떠올렸다. 귤 향기 넘치는 그곳에 이름과는 달리 부족한 사물이 여럿 있으나 그 중 가장 고통을 주는 사물이 바로 물이었다.

마을에 우물이 있기는 했다. 그러나 거리가 꽤 멀어 하인이 물을 길어오는 데 적잖이 애를 먹었다. 그렇다고 수량이 풍족한 것도 아니었다. 물을 구할 수 없어 여름에는 빗물, 겨울에는 눈으로 밥을 지은 적도 있었다.

귤중옥에 이 나무 한 그루만 있다면 나는 죽을 때까지 목마르지 않을 것이라는 생각을 해보았다. 감로의 기운이 피처럼 내 몸에 흘러 오욕으로 가득 찬 심신을 정화시킬 것이라는 생각을 해보았다. 기묘사화己卯士禍로 절해고도의 유배객이 된 김정金淨은 우물을 파 목마름을 다스렸다고 했다. 그에게 판서정判書淨이라는 우물이 있었다면 내게는 감로수가 나오는 나무가 있는 셈이 될 터였다. 그의 우물은 육신만 위로하겠으나 내 나무는 육신과 정신을 다독일 것이었다.

과연 그럴까? 부질없는 망상이었다. 감로수가 흐르는 나무를 귤중옥에 옮길 방법은 없었다. 그래도 그 망상은 의외로 꽤 오래 내 머릿속에 남아 나를 괴롭혔다. 절해고도에서의 내 목마름은 마음 깊은 곳까지 퍼져 있는 고질 중의 고질이었나 보다.

어렵사리 망상을 떨치고 한라산에 올랐다. 여름이 오려면 아직 멀어도 한참 멀었는데 주위는 온통 푸르렀다. 이름조차 고증할 수 없는 낯선 식물들이 푸름의 주범이었다. 그 푸름이 발걸음을 재촉했다. 푸름에 반한 나는 그 유혹을 이기지 못하고 자꾸만 위로 올라갔다. 변화가 느껴졌다. 아주 가파르지는 않다고 해도 산은 산이었다. 땅에서와는 다른 종류의 한기가 몸을 떨게 만들더니 어느 순간 푸름이 거짓말처럼 사라지고 눈밭이 펼쳐졌다. 눈이 닿는 곳은 눈밭이었고, 발아래는 푸름이었다.

푸름과 눈밭의 대비, 기묘하면서도 신선했다. 그 기분은 나만 느낀 게 아니었다. 허벅지 속에서 웅크리고 있던 늙은 고양이가 순식간에 튀어나와 눈밭에 앉았다. 허벅지 살을 먹고 산 늙은 고양이의 눈빛은 전보다 더 형형했다. 늙은 고양이는 꿈쩍도 않고 나를 바라보았다.

오성준이 내게 종이와 붓을 내민 것은 고양이와의 눈싸움이 한창

이던 바로 그 순간이었다. 나는 거절하지 않고 붓과 종이를 받아 마치 자기를 그리라고 말하기라도 하는 것처럼 눈밭에 꼼짝 않고 앉아 나를 보는 늙은 고양이를 그렸다. 눈과 귀를 그리고, 발과 꼬리를 그렸다. 붓을 놓자 오성준이 고양이를 잡으려는 사냥꾼의 날카로운 눈으로 그림을 보곤 이렇게 말했다.

"보이는 산과 나무보다 그림 속의 산과 나무가 더 좋습니다."

오성준은 사냥꾼의 날카로운 눈, 늙은 고양이를 닮은 눈을 가졌으면서도 눈 덮인 산과 나무 사이에 있는 형형한 눈의 늙은 고양이를 보지 못했다. 늙은 고양이가 만족한 웃음을 지으며 나무들 사이로 사라졌다. 그림 속에 숨어 있던 늙은 고양이를 닮지 않는 늙은 고양이도 허벅지에서 튀어나온 늙은 고양이와 함께 사라졌다. 물론 나는 실제의 늙은 고양이와 닮은 것이건 그렇지 않은 것이건 간에 그것들의 행방을 일체 걱정하지 않았다.

감로수와 푸른 눈밭을 경험하고 잊지 못할 산행을 끝낸 뒤에는 우암 송시열宋時烈이 잠시 머물렀던 유허遺墟를 찾았다. 절해고도에 40일간 머물렀던 송시열의 자취는 유허라는 이름이 무색할 정도로 깨끗이 사라지고 유허비 하나만 남았다. 죽기 전까지도 열심히 심고 가꾸었다고 전해지는 생강은 불시에 찾아온 화염으로 완벽하게 사라진 집과 운명을 같이 했다. 땅의 주인인 잡초들만 가득한 흙바닥을 뚫어지게 바라보았다. 상쾌한 흰 눈으로 밝아졌던 마음이 검붉은 흙으로 금세 어두워졌다.

송시열은 절해고도를 벗어나기는 했으나 서둘러 뒤따라온 죽음의 말을 제대로 따돌리지 못하고 정읍에서 덜미를 잡혔다. 죽음의 말은 가쁜 숨 대신 오만한 웃음을 흘리며 그에게 사약을 건넸다. 사약을 마시던 그 날, 삶의 마지막이 된 바로 그 날, 팔십이 넘은 노인 송시열은 무슨 생각을 했을까? 유종의 미를 거두지 못한 자신의 무능력과 강인한 현실의 벽에 대해 한탄했을까, 아니면 임금의 마음을 돌리지 못한 아픔을 최후의 음식이라도 되는 양 입안에 넣고 거듭 곱씹었을까?

한편으로 나는 전혀 다른 종류의 상상을 해보기도 했다. 혹여 그는 자신이 심었던 생강을 직접 거두지 못한 것을 아쉬워하진 않았을까? 생강에 대한 생각은 더욱 깊어졌다. 그는 얼마나 생강을 심은 것이며 그 의미는 도대체 무엇일까? 그의 죽음보다 생강이 더 깊이 내 머릿속에 머무는 것은 무슨 까닭일까? 내 마음의 일단을 눈치채기라도 한 듯 오성준은 이렇게 말했다.

"해배解配되어 돌아가시면 저와 함께한 오늘의 유람을 꼭 글로 남겨주십시오."

아무렇지도 않은 듯 무심한 표정을 지었지만 그 문장 하나에 내 마음은 바람 앞의 수선화처럼 이리저리 흔들렸다. 해배라니, 꿈같은 이야기였다. 그러나 꿈이 아닐 수도 있었다. 따지고 보면 오늘의 유람이 바로 그 증거였다. 위리안치된 유배객이 가시울타리를 벗어나 마치 유람 객이라도 된 양 한라산을 오르고 송시열의 유허를 찾은 것이 바로 그 증거였다. 하지만 실상 오늘의 유람은 어쩌면 관념의 영역인 해배와는 하등 관계가 없다는 사실을 스스로 너무 잘 알고 있기도 했다.

무슨 뜻인가? 오늘의 유람은 바로 내가 만들어낸 유람이라는 뜻 이다. 유람을 이루기 위해 나는 전에도 사용한 적이 있는 방법을 썼 다. 유람을 떠나기 얼마 전부터 제주목사에게 내 글씨와 그림을 계 속해서 보냈다. 그가 요구한 것은 아니었다. 내가 먼저 그렇게 한 것 이었다.

정적들에게도 고개 숙이지 않던 차갑고 자존심 강한 내가 왜 그 랬는지 궁금할 것이다. 이유는 단 하나였다. 나는 한라산을 오르고 싶었다. 나보다 먼저 절해고도에 유배되었던 송시열의 자취를 느끼 고 싶었다.

그러려면 어떻게 해야 하나? 내 바람을 들어줄 수 있는 현실적 권 력을 지닌 이는 제주목사뿐이었다. 그러니까 제주목사야말로 내 바 람을 들어줄 수 있는 문이었던 것이고, 내 식대로 말하자면 뜨뜻한 아랫목이 그리울 때 제일 먼저 열어야 하는 문이었던 것이다.

너에게 쓰고픈 문장, 내 경험을 통해 분명한 효과가 있음을 증명 한 문장은 그러므로 다음과 같다.

"아랫목이 그리우면 문부터 찾아서 열어라."

너에게는 의외일 수 있겠지만 나는 원하는 것을 이루기 위해서는 기꺼이 고개 숙일 줄 아는 사람이다. 아랫목을 차지할 수만 있다면 기꺼이 고개 숙이고 허리 굽혀 문을 열 줄 아는 사람이다. 내 생각은 적중했다. 글씨와 그림은 절해고도의 바람과 생물과 질병에서 벗어나게 해줄 문명에 갈급한 제주목사의 마음을 움직였다. 그가 가시울 타리로 둘러싸인 문을 열어준 덕분에 나는 내게 있어 아랫목인 감로수를 마셨고, 한라산에 올랐고, 송시열을 느꼈고, 생강을 떠올렸고, 한 편의 시를 지었다.

> 길 가는 사람들도 작은 비를 보고 말에서 내리니
> 김환심金煥心의 집에서 옛 자취가 전해져 오네.
> 귤림橘林에 잔 올려 심사를 밝혔으니
> 생강 심던 그 해가 떠올라 눈물짓게 하네.

그러나 나는 너에게 감로수와 한라산과 송시열과 생강과 한 편의 시를 말하려고 붓을 들지 않았다. 그것은 의미 있는 유람이었으나 전체 견지에서 보자면 작디작은 성취에 지나지 않는다.

그렇다면 나는 너에게 무엇을 말하려 하는 것인가? 그것은 이렇다. 유람을 마치고 돌아오는 길에 마을의 어느 집 문에서 철 지난 입춘첩이 바람에 흔들리는 것을 보았다. 붙이는 법도는 알았으되, 때는 법도는 몰랐던 모양이다.

한동안 걸음을 멈추고 입춘첩을 보았다. 글씨 자체로야 전혀 볼 것이 없었다. 글씨라기보다는 따라 그린 그림에 더 가까웠다. 그럼에도 그 글씨에서 한동안 눈을 떼지 못한 이유는 오직 하나였다. 내 첫 번째 스승이라 할 수 있는 박제가朴齊家를 떠올렸기 때문이었다.

그렇다. 박제가가 있다. 너와 나는 먼 길을 돌아 드디어 종착지 비슷한 곳에 도착했다. 내가 감로수와 한라산과 송시열과 생강과 한 편의 시를 만들어낸 유람을 길게 인용한 것은 그 길 끝에서 만난 입춘첩, 그로 인해 촉발된 박제가를 말하기 위해서다. 그러나 너는 유의해야 한다. 박제가더러 종착지라 하지 않고 종착지 비슷한 곳이라 부른 까닭을.

왜 그런가? 그것은 바로 실은 박제가가 아니라 박제가로 시작된 중국인들과의 인연, 그리고 그 인연에서 만들어진 또 다른 인연을 말하기 위함인 까닭이다. 이쯤해서 그 인연들의 공통점이 무엇인지 너 또한 충분히 짐작했을 것이다. 그렇다. 박제가에서 시작된 그 인연들은 바로 오늘날의 나를 만들었다. 그 인연들을 통해 비로소 나는 철부지 어린아이에서 나다운 나, 네가 닮고 싶어 하는 나가 되었다.

그러므로 이제 천 리 길을 가야 하는 너에게 주고픈 것은 앞서도 썼던 바로 그 문장, 내 삶에서 얻은 인연이 만들어낸 바로 그 문장이

어야만 한다.

"뜨뜻한 아랫목이 그리우냐? 그러면 문부터 찾아서 열어라."

꿈을 이루게 해줄
귀인을 곁에 두는 법

나와 박제가의 만남에 관한 사연이 전설로 포장되어 세상을 경박하게 떠돌고 있다. 너도 한 번쯤은 잘 포장된 그 사연을 들어보았을 것이다. 내가 쓴 입춘첩을 본 박제가가 그 글씨에 반했고, 그래서 내 아비를 찾아와 나의 스승이 되기를 청했다는 사연 말이다.

멋진 사연이기는 하나 아쉽게도 그 사연, 혹은 그 전설의 진위는 나도 확인해줄 수가 없다. 왜 그런가? 전설 속의 내 나이는 여섯 살이었다. 대여섯 번만 읽으면 어느 책이건 거개는 외워버릴 정도로 뛰어난 기억력을 지닌 나이지만, 이상하게도 여섯 살 그 언저리의 일은 마치 그 시절이 없기라도 했던 것처럼 하나도 기억에 남아 있지 않다. 그러므로 전설의 주인공인 나조차도 실제로 그러한 일이 있었는지

없었는지는 알 수가 없다는 뜻이다. 이상할 수도 있겠지만 전설이란 원래 그렇다. 그러니까 진실이라 하지 않고 전설이라 부르는 것이다.

진위를 확인하는 또 다른 방법이 있지 않았겠느냐고 묻고 싶어 하는 네 모습이 눈에 선하다. 네 말이 맞다. 나 또한 귀 있는 자라 그 전설을 들었고, 그 당연한 귀결로 생기는 궁금증에 결국은 굴복하고 만 나는 어쩌면 사태의 전말을 나보다 더 잘 알고 있을 아비에게 물었다. 그런데 노회한 아비는 그저 웃음만 머금었을 뿐 그렇다 아니다 단정지어 말하지 않았다. 아비가 입을 닫아도 진위를 확인할 또 다른 방법은 있었다. 내가 열 살 되던 해부터 박제가가 나를 가르쳤으므로 마음만 먹었다면 전설을 진실의 영역으로 단번에 귀환시킬 수 있었을 터였다.

결론부터 말하자면 나는 전설의 진위에 대해 묻지 않았고, 내가 묻지 않았으므로 박제가도 이에 대해 답하지 않았다. 답하기는커녕 박제가는 떠도는 전설 따위는 아예 들어본 적도 없는 사람처럼 건조하게 행동했다. 이러한 사태의 전개는 너로서는 참으로 이해하기 힘들 것이다. 그러나 실은 이러한 전개보다 이해하기 쉬운 것도 없다. 그 이해의 핵심은 바로 박제가가 서얼이라는 사실에 있다.

서얼. 그렇다. 박제가는 서얼이었다. 그러나 문장을 쓰자마자 당장 의문이 고개를 든다. 과연 그러한가? 박제가를 서얼이라 부르는 것은 사실 당치도 않다. 왜냐하면 박제가는 서얼이되, 전혀 서얼 같지 않은 사람이었기 때문이다. 그는 젊어서부터 만 리 밖에 있는 먼 땅에서 활개 치는 것을 꿈꾸었고, 결국 중국 연행에 성공함으로써 일정 부분 꿈을 이루었다. 몸으로만 활개치고 온 것이 아니었다. 그는 수레를 탔고, 똥 무더기를 보았고, 중국인을 사귀었고, 수레와 똥 무더기와 중국인과의 사귐을 포함해 중국에서 보고 들은 모든 것을 글로 옮겨 썼다.

그는 서얼이되, 고개 숙인 서얼이 아니라 자부심이 강한 서얼이었다. 그럴 만도 했다. 정조 임금은 그의 지식에 반해 무쌍사無雙士, 즉 "견주어 비길 만한 사람이 없을 정도로 뛰어난 선비"라는 칭호를 내렸다. 그러나 그 자부심은 때로 과하기도 했다. 박제가는 정조 임금의 현륭원 행차 때 의자를 가져와 앉는 치기를 부리기도 했다. 당상관들만 의자에 앉을 수 있었다는 것을 생각해보면 그 행동의 파장을 능히 짐작할 수 있겠다. 서얼인 박제가가 유배객이 되고, 유배 끝에 세상을 떠난 것은 결국 그 자부심, 혹은 치기 때문이었다. 그가 일정 부분에서만 꿈을 이루었다고 말한 것도 그 처참한 말년 때문이었다. 그러므로 박제가는 결국 완벽한 서얼이었다.

그렇다면 고개 숙이기 대신 자부심, 혹은 치기를 지닌 서얼 박제가와 전설의 진위 여부를 가리지 않은 것이 대체 무슨 관계가 있나?

이렇게 말할 수 있을 것 같다. 박제가는 스스로 전설이 되고자 하는 사람이었다고. 그러나 세상은 서얼 박제가에게 전설을 만들어주지 않았다. 전설을 만들어주기는커녕 당벽으로 가득 찬 인간으로 손쉽게 재단해버린 후 벼랑 끝으로 몰아붙였고, 그가 그토록 원했던 전설은 왕실과도 인연이 있는 여섯 살 소년에게 아낄 생각 없이 무더기로 안겨주었다. 채제공蔡濟恭 또한 입춘첩에 경탄했다는 것이나 한술 더 떠 절대 붓을 잡게 하지 말라고 했다는 것 등의 유사한 전설이 바로 그 무더기들이다. 허나 지금 중요한 것은 박제가와의 전설이다. 너는 이렇게 묻고 싶을 것이다. 고작 열 살의 나이에 '서얼 아닌 서얼' 박제가의 심중에 있었던, 혹은 있었을지도 모를 전설에 대한 복잡다단한 생각을 이해했느냐고 말이다.

그렇지는 않았다. 다만 그때는 박제가 앞에서 전설을 언급하는 것이 왠지 옳지 않다는 날카로운 느낌만 가졌을 뿐이었다. 너에게 말한 논리는 그 이후에 차근차근 구축되었고. 그러나 내가 지금 너에게 박제가를 말하는 것은 오래된 전설의 진위를 가리기 위함이 아니다. 전설에 대한 그의 태도와 나의 대응을 언급하기 위함도 아니다. 내가 말하려는 것은 오직 하나, 전설 속에서는 어땠는지 몰라도 현실의 기억 속에서는 나 스스로 박제가를 스승으로 선택했다는 사실이다.

이 지점에서 또 다른 질문이 터져 나오는 것은 온당하다. 왜 그토록 문제 많은 박제가를 스승으로 선택했을까? 가문의 사회적 위치를 고려하면 더 나은 스승을 선택할 기회는 얼마든지 있지 않았을까? 이에 대한 답변 또한 지나칠 정도로 단순하다. 내가 본 박제가는 바로 《북학의北學議》의 저자인 박제가였기 때문이다. 나는 이렇게 단언한다. 중국을 다녀온 사람은 많으나 보아야 할 것을 보고, 만나야 할 사람을 만난 사람은 거의 없다. 박제가는 핵심으로 통하는 문을 열고 중국이라는 뜨뜻한 아랫목에 제대로 앉은 사람이었다. 나는 서얼이자 일개 검서관이었던 그가 어떻게 올바른 문을 찾았고, 어떻게 아랫목에 앉아 엉덩이를 뜨뜻하게 데웠는지가 정말로 궁금했다. 궁금증을 해소할 방법은 하나뿐이었다. 《북학의》를 지은 그에게 직접 듣는 것이었다.

내 짐작은 맞았다. 박제가는 통념과는 달리 속으로 침잠하는 이, 말을 아끼는 이였다. 고개조차 들지 못하고 눈조차 마주치지 못하는 그를 보며 처음엔 절망했다. 그러나 이야기가 중국에 관한 것이면 사정은 달라졌다. 박제가는 중국에 관해서는 아침부터 저녁까지 내 눈을 똑바로 보며 쉬지 않고 말할 수 있었다. 자신이 본 것, 만난 사람에 대해 꼭 어제 일처럼 생생하게 말할 수 있었다. 이렇게 말할 수 있으리라. 나는 박제가에게 아무것도 배우지 않았다. 그러므로 박제가는 내 스승이 아니다. 그러나 나는 박제가에게서 모든 것을 배웠다. 그러므로 박제가는 나의 첫 번째 스승이다.

나는 박제가의 끊임없는 말들을 들으며 가본 적이 없는 미지의 장소인 중국을 상상했다. 만나본 적이 없는 미지의 사람들인 중국인들을 상상했다. 박제가의 말을 듣고 내 머릿속에서 탄생한 시를 지금도 똑똑히 기억한다.

개연히 한 생각 일으켜 사해에서 널리 지기를 맺고 싶네.

마음에 맞은 사람을 얻게 된다면 그를 위해 목숨을 바칠 수도 있겠네.

하늘 아래엔 명사가 많다 하니 부럽기 그지없다.

이 시처럼 나의 진심을 제대로 드러낸 문장은 사실 그리 많지 않다. 내 꿈은 일찍이 담헌 홍대용洪大容이 그랬던 것처럼 중국에서 지기를 얻는 것, 그리하여 그 앞선 문명의 향기에 듬뿍 취하는 것이었다. 내가 원하는 천 리 길의 종착지는 중국이었고, 박제가는 종착지가 아니라 실은 그 반대인 출발지였다. 결론부터 말하자면 나는 내 꿈을 이뤘다. 박제가는 일정 부분 이뤘지만 나는 온전히 이뤘다. 어찌 그렇게 단언하느냐고? 중국에서 담계 옹방강翁方綱과 운대 완원 두 스승을 만났기 때문이다. 너는 귤중옥의 향내 나는 벽에 걸려 있는 글을 똑똑히 보았을 것이다.

담계는 "옛 경전을 즐긴다"고 말했고, 운대는 "남이 그렇다고 말해도 나 또한 그렇다고 말하지를 않는다"고 하였다. 두 분의 말씀이 나의 평생을 다한 것이다.

옛 경전을 즐기면서도 옛 경전에 몰입되지 않는 것, 웃는 얼굴로 고개를 끄덕이다가 벼락 같이 내 의견을 개진하는 것, 나를 상징하는 습관이 된 그것들은 바로 옹방강과 완원에서 왔다. 어디 그뿐이던가. 옹방강은 내게 자식 대하듯 섬세한 애정을 베풀었고, 학식으로 충만한 완원은 내게 '완당阮堂'이라는 아호를 주었다. 옹방강과 완원이 뜨뜻한 아랫목이었다면 박제가는 그 아랫목을 차지하기 위해 내가 열어야 할 조선 땅의 유일한 문이었다. 그 문은 참으로 훌륭했다. 처음 중국에 갔을 때 나는 깜짝 놀랐다. 중국과 중국인은 내가 상상했던 것과 조금도 다르지 않았다. 이는 박제가가 내게 전한 것이 그만큼 훌륭하고 적확했다는 뜻이기도 하다.

박제가는 아랫목으로 이끄는 문이면서 또 다른 문으로 이르는 안내자이기도 했다. 너는 내가 중국 땅에서 가장 먼저 만난 이가 누군지 기억할 것이다. 그의 이름은 바로 조강曹江이었다. 조강은 나를 보자마자 반갑게 맞이하고는 내가 지은 "개연히 한 생각 일으켜 사해에서 널리 지기를 맺고 싶네"로 시작하는 바로 그 시를 읊었다. 감동이 사라지기도 전에 자신이 쓴 글을 꺼내서 내게 보여주었다. 그 글은 이러하다.

세상과는 잘 어울리지 않으며 출세하려는 글은 짓지 않고 세속 밖에서 방랑하였는데 시를 잘 짓고 술도 잘한다. 중국을 심히 사모하여 조선엔 사귈 만한 인사가 없다고 스스로 생각해왔는데 이번에 외교 사절을 따라 청국에 들어오게 됨에 장차 천하의 명사들과 교분을 맺으며 우정을 위해 죽음도 마다 않는 옛사람들의 의리를 본받으려 한다.

내가 울먹이며 고개를 조아렸던가? 그랬던 것 같지는 않다. 그러나 상당한 기쁨을 표한 것만은 확실하다. 그러나 흥분한 겉과 달리 내 속은 냉정했다. 나는 조강의 글을 평가하고 조강을 평가했다. 그 글부터 말하자. 그 글이 정확히 나를 그린 것이라 말하기는 어렵지만 그렇지 않다고도 하지 못하겠다. 조강이 상상한 나는 실제의 나와 부합하는 면도 있고 그렇지 않은 면도 있었다. 중요한 것은 조강이 이미 나에 대해 상당한 정보를 갖고 있었다는 사실이다.

내가 조강을 만난 적이 있던가? 그렇지 않다. 내 평생 중국은 단 한 번 다녀왔을 뿐이다. 그러므로 조강과는 당연히 초면이었다. 그럼에도 조강은 나를 알고 있었고, 나도 조강을 알고 있었다. 어떻게 그런 일이 가능했을까? 그건 바로 박제가 때문이었다. 박제가는 유배 전에 다녀온 그의 마지막 중국 여행 때 내가 쓴 시를 가지고 가서 조강을 만났다. 조강은 꽤 오랜 세월이 지났음에도 그 사실을 똑똑히 기억하고 있었고, 내가 쓴 시 또한 머릿속에 넣어 두고 있었다. 박제가와 조강의 인연을 알고 있었던 나는 연경에 도착하자마자 만사 제쳐두고 조강을 가장 먼저 만났던 것이다.

내가 무슨 말을 하려는지 이제 너는 능히 짐작할 것이다. 당벽과 모난 성격을 지닌 박제가는 내게 있어 문이었다. 내게 아랫목인 중국을 온전히 알고 중국인을 제대로 만나기 위해서는 반드시 그를 거쳐야만 했다. 조강과의 만남은 그런 나의 판단이 틀리지 않았음을 입증한다. 사람들은 그와 나의 전설에 동했지만, 나는 문으로서의 그의 역할에 동했다. 천 리 길을 시작함에 있어 그보다 좋은 문은 없었다. 그러므로 나는 천 리 길을 새롭게 시작하는 너에게 다시 한 번 이렇게 쓴다.

"아랫목이 그리우면 문부터 찾아서 열어라."

나를 소개할 때는
선명하게 밝혀라

결국 조강은 아랫목이라기보다는 아랫목으로 인도하는 또 다른 문이었다. 내가 중국에서 만나기를 열망했던 이들은 실은 조강이 아니라 훗날 내 스승이 된 옹방강과 완원이었다.

옹방강이 누구인가? 일찍이 《사고전서四庫全書》의 편찬에도 참여했던 그는 금석학자이자 수장가이자 서예의 대가로 연경학계를 주름잡고 있었다. 완원이 누구인가? 그는 남북서파론南北書派論과 북비남첩론北碑南帖論 등의 독창적인 학술 이론으로 연경을 뒤흔든 당대 최고의 학자였다.

그렇다면 조강은? 결론부터 말해 두 스승을 만날 수 있었던 데는 조강의 힘이 컸다. 조강은 강남에 살고 있던 완원이 그즈음 연경에 머물고 있다는 사실을 알려주었고, 그를 만날 수 있도록 다리까지 놓아주었다.

조강이 아니더라도 완원을 만날 수야 있었을 것이다. 사실 완원은 조선에 대해 잘 알고 있는 사람이었다. 일찍이 박제가가 유득공柳得恭과 함께 중국에 갔을 때 조선 사신들이 머무는 숙소에 완원이 직접 찾아와 유득공과 인사를 나눈 적이 있기 때문이었다. 유득공은 당시 20대 젊은이였던 완원의 저서를 칭찬했고, 완원은 《한객건연집韓客巾衍集》으로 중국에 문명을 떨친 조선인이 자신의 저서를 알고 있다는 사실에 큰 감명을 받았다. 그러므로 《한객건연집》의 또 다른 저자인 박제가에게서 배운 내가 만남을 청했더라도 한 번 맺은 인연을 유독 중시하는 그로서는 차마 모질게 거절하지는 못했을 것이다. 그러나 조강이 없었더라면 절차는 훨씬 더 복잡했을 것이 분명하다. 그러므로 제대로 된 문으로서의 조강의 역할은 더 강조해야 마땅하다.

완원은 당대 최고의 학자임에도 권위와는 거리가 먼 사람이었다. 그가 버선발로 나를 맞이한 게 그 증거였다. 나도 버선발로 그를 맞이했다. 실제로 그랬다는 게 아니라 말하자면 그랬다는 것이다. 무슨 이야기이냐고? 나는 그와 인사를 나눈 후 단번에 버선발부터 들이 댔다.

"초상화로 뵙던 그 모습과 하나도 다르지 않습니다."

초상화라니? 완원의 두 눈이 단번에 커졌다. 버선발로 그의 관심을 끄는데 성공한 나는 초상화라는 단어에 얽힌 인연, 즉 완원의 초상화를 갖고 있던 것은 실은 나의 스승 박제가였으며, 그 초상화를 보며 선생을 만날 꿈을 키웠다는 것을 하나도 빼놓지 않고 지나칠 정도로 세세하게 설명했다. 학식이 높은 완원은 초상화 이야기에 완전히 마음을 열었다. 초상화, 박제가로 이어지는 나의 발언이 그의 마음에 쳐 있던, 처음부터 그리 높지 않은 장벽을 아예 무너뜨린 셈이었다. 그는 내게 중국에서도 구하기 쉽지 않은 고귀한 차인 용단승설차를 대접했다. 꿈같은 맛이었다고 밖에 표현하지 못하겠다. 그처럼 내 육신과 정신을 동시에 뒤흔들어 놓은 차는 그 뒤로는 한 번도 맛본 적이 없으니. 초의의 차가 훌륭하기는 하지만, 조선의 차 중에서만 그렇다는 것이다. 용단승설차에는 처음부터 비길 바가 못 된다. 아무튼 그때 그 차 맛을 잊지 못한 나는 이후 '승설도인勝雪道人'이라는 호까지 만들어 사용하기에 이른다.

학식 높고 너그러운 완원은 차만 대접하지 않았다. 그는 오래된 금석문을 보여주었다. '실사구시實事求是'와 '평실정상平實精詳'의 자세로 공부하라는 가르침을 주었다. 또한 교정도 끝나지 않은 저서를 선물했다. '완당'이라는 호까지 선사하며 조선인인 나를 제자로 삼았다.

완원에 비해 옹방강은 조금 더 만나기 어려운 사람이었다. 팔십을 바라보는 노인이 된 옹방강이 사람 만나기를 꺼려하는 탓이었다. 나는 그를 만나기 위해 사방에 연줄을 댔으나 성과는 없었다. 결국 나와 옹방강을 연결시켜준 것은 이번에도 조강이었다. 조강의 벗을 통해 귀국하기 며칠 전에야 어렵게 옹방강을 만난 나는 이번에도 대뜸 꿈 이야기부터 꺼냈다.

"10년 전에 꿈에서 뵈었습니다. 이제 실제로 뵈니 그때의 모습과 하나도 다르지 않습니다."

꿈 이야기의 여운이 가시기도 전에 보담재寶覃齋라는 무기를 꺼내 들었다. 보담재는 내 서재에 걸린 편액이자 나의 또 다른 호였다. 보담재가 무엇인가? 담계 옹방강을 보물처럼 받드는 서재라는 뜻이었다. 너무 노골적이라고 생각할 수도 있겠다. 그러나 보이는 것처럼 그리 단순하지만은 않은 전략이 배후에 숨어 있다는 사실을 알아야 한다. 보담재라는 호는 이중으로 옹방강에게 깊은 인상을 주었다. 보담재는 옹방강을 높이는 의미도 있었지만 보소재寶蘇齋라는 옹방강의 서재 이름을 모방한 의미도 있었다. 보소재는 소동파를 보물처럼 받드는 서재라는 뜻이었다. 그러므로 내가 서재에 보담재라는 편액을 걸고 그것을 호로 삼았다고 말하는 것은 옹방강을 존경할 뿐만 아니라 옹방강이 소동파를 존경하고 있다는 사실을 잘 알고 있다고 강조하는 것이나 마찬가지였다.

여기서 하나 짚고 넘어갈 것이 있다. '추사秋史'라는 나의 호에 관한 것이다. 나는 옹방강에게 추사라는 호를 소개하기도 했는데 호가 아닌 자로 소개했다. 무슨 까닭일까? 이렇게 말하겠다. 나는 혹독한 관리의 차가운 손처럼 냉정하게 핵심을 파고들 줄 아는 사람이다. 모든 것을 예측하고 행동하는 사람이다. 중국에 갔을 때 내 나이는 스물네 살밖에 되지 않았다. 그럴듯한 관직이라도 있었나? 그렇지 않았다. 나는 사마시司馬試에 갓 합격한 생원에 지나지 않았고, 공식 수행원도 아닌 자제군관에 지나지 않았다. 내 스스로는 최고의 실력을 지녔다고 자부하고 있었지만 그것을 드러낼 방법이 없었다. 그럼에도 나의 포부는 컸다. 중국인들이 나를 보기도 전에 나에 대해 기대하기를 바랐다. 젊은 조선인에게서 무슨 말이 나올지 두 눈을 똑바로 뜨고 바라보기를 바랐다. 내 스승 박제가와 유득공이《한객건연집》으로 유명인사가 되었던 것처럼 중국인들에게 선명한 인상을 주기를 바랐다. 그러한 고민 끝에 탄생한 것이 바로 '추사'라는 호였다.

그런데 추사는 기실 나만의 호는 아니었다. 강덕량江德量이라는 중국인이 있었다. 그의 호가 바로 추사였다. 그는 나의 스승들과 교분이 있었다. 박제가는 옹방강의 서재에서 그의 벗인 강덕량과 만나 교분을 나누었다.

이제는 너도 짐작이 갈 것이다. 내가 왜 하필 추사를 호로 골랐는지. 추사는 단순한 호가 아니었다. '추사'라는 호 속에는 박제가와 옹방강, 그리고 그의 벗인 강덕량이 함께 존재한다. 그럼으로써 나는 개인이 아닌 조선과 중국 사이에서 교류의 상징 같은 사람이 되었다. 그렇다면 왜 추사라는 호를 자로 소개했나? 바로 앞서 말한 보담재를 내 호로 내세웠기 때문이었다. 옹방강을 존경한다는 뜻이 담긴 '보담재'를 호로 삼고 옹방강과의 인연을 내세운 '추사'를 자로 삼음으로써 나라는 사람이 어떤 사람인지를 선명하게 내세우려는 생각이었다. 내 생각은 적중했다. 사람 만나기를 꺼리던 옹방강이 나를 만난 건 분명 보담재와 추사를 앞세운 효과도 크게 작용했을 것이다. 조금 다른 이야기가 되겠지만 중국을 떠날 때가 되었을 때 중국인들은 나를 위해 성대한 전별연을 베풀었다. 감격적인 전별연에서 나는 그들을 향해 이렇게 읊었다.

내가 태어난 곳은 미개한 나라
진실로 촌스러우니
중국의 선비들과 사귐에 부끄러움이 있네.

사람들은 이 시를 보고 중국을 높이고 조선을 낮추었다고 나를 비난한다. 너도 이 시가 조선을 비하한 것처럼 읽히는가? 그렇다면 너는 아직도 나를 모르는 것이다. 이 시는 중국의 선비들을 높인 것이지 조선을 비하한 것이 아니다. 중국의 선비들을 높인다는 것은 무엇을 말하는가? 그건 바로 조선을 높이는 것이다. 중국인은 대단하지만 조선인인 나의 성취 또한 중국인에 비해 뒤처질 것이 없다는 뜻이다. 그럼에도 사람들은 이 시를 놓고 내 당벽이 스승 박제가 못

지않음을 보여주는 증거로 내세운다.

나는 너에게 이렇게 말하고 싶다. 차갑고 혹독한 관리의 손으로 핵심이 무엇인지를 제대로 파악해내야 한다. 이 경우는 무엇이 주이고 무엇이 객인지를 분명히 알아야 한다는 뜻이다. 나에게 이 시는 나를 차갑게 드러내는 또 다른 방식에 지나지 않았음을 너는 분명히 알았으면 한다.

늙었으나 여전히 뛰어난 이해력을 자랑하는 옹방강은 내 뜻을 곧바로 알아챘다. 그는 자신의 왼쪽 목 뒤를 만지며 말했다.

"내 막내아들의 생일이 동파 선생과 하루밤에 차이가 나지 않는다오. 이런 말하기는 조금 그렇지만 그게 바로 막내아들을 유독 총애하는 이유라오."

보소재에 앉아 이야기를 나누고 있는 내 눈에 소동파의 초상화가 들어왔다. 옹방강의 목에 난 혹이 들어왔다. 전하는 말로는 소동파 또한 왼쪽 목 뒤에 혹이 있었다고 했다. 옹방강은 소동파가 되기를 원하는 사람이었다. 그러므로 내가 보담재를 꺼내든 것은 그야말로 뜨뜻한 아랫목을 제대로 파고든 것이었다. 연이어 내민 꿈과 보담재로 옹방강은 젊은 나에 대한 경계를 완전히 풀었다. 그 증거가 바로 온갖 서화와 금석문으로 가득한 보물들을 직접 내게 보여준 사실이었다. 그때의 감격은 오랜 세월이 지난 지금도 하나 사라지지 않고 내 몸에 그대로 남아 있다.

그곳에서 무엇을 보았던가? 나는 구양순歐陽詢이 쓴 〈화도사비化度
寺碑〉 진본을 보았다. 소동파가 쓴 〈숭양첩嵩陽帖〉의 진본을 보았다. 부
적처럼 서재 곳곳을 장식한 소동파의 초상들을 보았다. 눈이 열리고
귀가 뚫리는 수많은 보물을 보았다.

보물들을 보고난 후에는 옹방강과 못다 한 이야기를 더 나누었다.
그때 옹방강은 나의 학식에 적잖이 놀랐다고 말하고 싶다. 그도 그
럴 것이 그가 묻는 모든 질문에 내가 막힘없이 대답했기 때문이다.
비록 박학하다고는 하나 내가 모든 분야를 다 알고 있었던 것은 아
니다. 경학에 관한 질문이 대다수였던 게 나로서는 다행스러운 일이
었다. 옹방강의 관심과 나의 관심이 일치한 결과였던 것이다. 옹방강
은 내게 "경술문장해동제일經術文章海東第一", 즉 '조선에서 가장 학식이 뛰
어나고 글도 잘 짓는 사람'이라는 극찬을 선사했다. 함께 갔던 나의
아비는 다른 사람도 아닌 자신이 존경하는 옹방강의 입에서 나온 극
찬에 다리 힘이 풀릴 정도로 크게 놀랐을 것이다. 평소에 아비는 나
로서는 종횡무진이지만 그의 눈에는 그저 요령부득일 뿐인 내 공부
방식을 마음에 들어 하지 않았다. 그는 편지에 이렇게 쓰기도 했다.

노자를 읽고 있는 너를 보았다. 《도덕경道德經》 오천 마디에 지극한
이치가 담겨 있다고 하나 이는 육경六經의 문장에 비할 바 못된다. 이
제 막 학문에 뜻을 둔 선비의 근본이 튼튼하지 못할까 염려된다. 경

박하게 시문을 꾸미는 것, 기이하고 새로운 것만 좋아하는 너의 습성까지 고려하면 참으로 염려가 커진다.

천 리 길을 시작하는 나에 대한 아비의 염려가 세세하게 잘 드러나 있음을 느낄 것이다. 염려하는 내용이 아니라 그 형식에 깃든 진심에 공감한 나는 결국 그 염려에 보답했다. 말뿐이 아닌 실제적인 보답이었다. 무엇으로 보답했나? 까다로운 노인에서 인정 많은 노인이 된 옹방강은 내게 많은 선물을 안겼다. 그러나 무엇보다도 값진 선물은 '유당酉堂'이라는 친필 현판이었다. 유당은 내 아비의 호였다. 늙은 호랑이가 되었다고는 해도 옹방강은 조선의 사신들이 꼭 만나고 싶어 하는 명사 중의 명사였다. 그러한 명사가 자신의 호를 직접 써서 주었으니 아비는 꽤 크게 감격했을 터였다. 물론 아비는 내게 고맙다는 말은 하지 않았다. 그저 나를 보며 고개를 끄덕였을 뿐. 나는 아비에게 내가 연 것이 제대로 된 문이며 엉덩이를 지지고도 남을 뜨뜻한 아랫목이었음을, 그리고 아비의 염려가 실은 완벽한 기우였음을 굳이 말로 설명하지는 않았다.

바르고 실질적이며,
정밀하고 상세하게

어느덧 옹방강의 보물 이야기까지 왔다. 문장의 시작은 유람이었다. 너에게 줄 문장을 만들어낸 유람은 감로수와 한라산과 송시열과 생강과 한 편의 시를 거쳐 철 지난 입춘첩과 박제가로 이어졌다. 옹방강을 이야기했으므로 유람은 끝났다. 그러나 진짜 유람은 아직 끝나지 않았다. 너에게 할 말이 아직 남아 있으므로.

굴중옥으로 돌아온 나는 감로수를 마시면서 나에게는 또 다른 감로수인 《만학집晩學集》과 《대운산방문고大雲山房文稿》를 뒤적였다. 소동파에게 도연명陶淵明과 유종원柳宗元의 문집이 유배의 벗이었다면 내게는 《만학집》과 《대운산방문고》가 그러했다. 밥보다도 맛있는 이 책들을 구하기 위해 내가 얼마나 애를 썼는지 아마 너는 잘 모를 것이다.

그러나 맛있는 만큼 구하기도 어려웠다. 여기저기 손을 뻗다 실패한 나는 완원의 아들 완복에게까지 부탁했지만 당장은 구하기 어렵다는 난감한 답변만 받았을 뿐이었다.

내게 이 귀한 책들을 구해준 이는 바로 이상적李尚迪이었다. 그는 옹방강의 제목과 완원의 서문이 들어 있는 《만학집》, 《대운산방문고》의 초집과 2집을 내게 보내주었다. 120권 79책에 이르는 거질 《황조경세문편皇朝經世文編》까지도 잊지 않았으니 내가 어찌 그의 은혜를 잊을 수 있겠는가? 너도 알다시피 나는 그를 위해 〈세한도〉를 그리고 이렇게 썼다.

공자는 "겨울이 되어서야 소나무와 잣나무가 시들지 않는다는 것을 알게 된다"고 했다. 소나무와 잣나무는 사시사철 시들지 않는다. 겨울이 되기 전에도 소나무와 잣나무이고, 겨울이 된 뒤에도 여전히 소나무와 잣나무다. 공자는 특별히 겨울이 된 상황을 들어 이야기한 것이다. 지금 그대가 나를 대하는 것은 이전이라고 해서 더 잘하지 않았고, 이후라고 해서 더 못하지 않았다. 이전의 그대는 칭찬할 게 없었다. 이후의 그대는 성인의 칭찬을 받을 만하다.

〈세한도〉에 대해서는 나중에 더 상세하게 말할 기회가 있을 것이다. 지금 너에게 설명하려는 것은 〈세한도〉가 아니라 이상적, 그와 문, 그리고 아랫목의 관계다. 짐작하겠지만 나와 이상적은 1~2년 알던 사이가 아니었다. 나는 그를 10년 넘게 알고 지내왔다. 나와 오랫동안 교우한 이들이 대개 그렇지만 이상적은 그중에서도 유독 정이 많고 한결같은 사람이다.

내 아비가 음해의 고비를 넘기지 못하고 유배 길을 갔을 때의 일이 기억난다. 이상적이 아침 일찍 나를 찾아온 적이 있다. 미리 약속한 만남이 아니었다. 그는 일어나자마자 눈에 들어온 까치 한 마리 때문에 문득 생각이 나서 들렀다 했다. 거짓말이었다. 추위로 벌겋게 된 그의 얼굴이 진실을 알려주었다. 까치 한 마리로 촉발된 우발적인 충동은 얼굴을 에일 만큼의 추위를 무릅쓰게 하지는 못한다.

그렇다면 그는 왜 나를 찾아왔는가? 그렇다. 그는 아비의 일로 분노하고 좌절한 나를 위로하러 까치 한 마리의 사연을 선물처럼 간직한 채 작심하고 눈길을 헤치고 온 것이었다. 그와 내가 무엇을 했던가? 우리는 중국에 대한 이야기를 나누었다. 역관인 그는 그 해 봄, 처음으로 중국에 다녀왔다. 중국에 가본 지 얼마 되지 않은 자라 할 말이 산처럼 많았을 텐데도 그는 자신의 이야기를 앞세우기보다는 오래된 내 이야기에 귀를 기울였다. 그 점이 더 고마웠다. 이상적은 영민한 사람이었다. 내 자부심을 마음껏 드러내게 하는 것보다 더한 위로는 내게 있을 수 없었으니.

다음 날 그는 내게 시 한 편을 보내왔다. 전날의 만남을 떠올리고 쓴 시였다. 오랜 세월이 지났지만 나는 지금도 꼭 이상적처럼 말수가 적으면서도 돌아가는 상황은 제대로 짚고 있는 그 시의 앞부분을 똑똑히 기억한다.

아침 햇살 흐릿한 성곽 너머로
눈서리 뒤엉킨 드넓은 들판.
지독한 추위는 풀리지 않고
남은 겨울을 옥죄고 있다.

날씨에 대한 사실적인 묘사였지만 실은 날씨 이야기가 아니기도 했다. 그는 한겨울 같은 나의 처지를 위로하기 위해 의도적으로 시어를 선택한 것이다. 그러나 이는 아쉽게도 시참詩讖의 역할을 한 셈이기도 했다. 이제 내가 그 시에서 말한 바로 그 한 겨울 같은 처지가 되었으니. 하지만 나는 지금 너에게 신세 한탄을 하려는 것이 아니다. 시참이 아니면서도 결국은 시참이 된 이상적의 돌아가는 상황을 제대로 짚은 시를 말하고자 하는 것이 아니다. 나는 지금 너에게 뜨뜻한 아랫목과 문에 대해 말하고 있는 것이고, 박제가와 조강과 옹방강과 완원에 이어 이상적을 끌어오기에 이르렀다.

아랫목과 문에 이르면 모든 것이 확실해진다. 까치 한 마리를 보고, 혹은 가슴에 안고 나를 찾아온 이상적은 기실 문을 제대로 열고 온 것이었다. 역관에 지나지 않는 이상적이 내로라하는 중국인들과 수많은 편지를 주고받는다는 이야기를 너는 들은 적이 있을 것이다. 역관에 지나지 않는 이상적이 고관대작들도 받기 힘든 학식 있는 중국인들의 신뢰를 한 몸에 받고 있다는 이야기도 들은 적이 있을 것이다.

나는 이렇게 단언하겠다. 그 시작은 바로 나였다. 그러므로 이상적은 바로 나라는 문을 지나 아랫목에 앉은 것이었다. 이 대목에서 속 내 깊고 마음 따뜻한 너는 어쩌면 약간은 눈살을 찌푸릴 수도 있겠다. 앞서 나는 이상적이 정이 많고 한결 같은 사람이라 했다. 그런 제대로 된 사람인 이상적의 행동을 지나치게 의도와 정략의 산물로만 바라보는 내 시선이 조금은 삐딱하다고 생각해서 괜히 마음이 무거울 수도 있겠다는 말이다.

그렇다면 너는 내 의도를 곡해한 셈이다. 나는 문을 찾아서 열고 아랫목을 덜컥 차지하고 앉는 것에 대해 한 번도 나쁘다고 생각한 적이 없는 사람이다. 생각해보면 박제가도 그랬고 나도 그랬다. 천리 길을 나서는 사람으로서는 오히려 당연한 순서이기도 하다. 무엇이 문제인줄 아느냐? 그렇게 행해야 함에도 하지 않는 것이 내게는 더 이해되지 않는 부분이다. 나는 너도 이상적처럼 하기를 바란다. 나처럼 하기를 바란다. 문도 찾지 않고 밖에서 서성이거나 윗목에 앉아 떨고 있지 않기를 바란다. 바른 길을 두고 굽은 길로 가 끝도 없는 가시밭길로 빠져들지 않기를 바란다.

그러나 이상적이 연 문, 그리고 아랫목을 차지한 사연에 관한 이야기는 아직 끝나지 않았다. 나는 방금 이상적이 나라는 문을 찾아온 것처럼 말했다. 이는 절반만 진실이다. 이상적에게 내가 문이었다면 내게 있어 이상적도 문이었다. 나는 그를 한눈에 알아보았다. 정이 많고 한결같은 이상적은 그런 성격을 지닌 이로서는 드물게도 무척 유능한 사람이라는 사실을 말이다. 그는 실무에도 능했고, 정보와 정세에도 예민했다. 그는 기꺼이 나의 손과 발이 되어주었고, 나는 온갖 편의를 봐주는 것으로 그의 호의에 보답했다. 한미한 가문의 그가 유난히 자주 중국에 다녀올 수 있었던 것에는 그러한 배경이 있다.

그와의 교류가 만들어낸 가장 따뜻한 아랫목은 《황청경해皇淸經解》의 입수였다. 청의 경학을 집대성하는 《황청경해》의 편집이 내 스승 완원의 지휘 아래 이루어지고 있다는 정보를 이상적에게 얻은 나는 그날부터 좌불안석의 나날을 보냈다. 《황청경해》를 당장이라도 구해서 보고 싶었기 때문이었다. 완원을 통하는 방법이 가장 쉬운 것이지만 아쉽게도 완원은 도중에 운귀 총독으로 발령을 받아 연락조차 쉽지가 않았다.

나는 완원의 또 다른 아들인 완상생阮常生에게 편지를 썼다. 완상생은 "부탁한 책은 모두 360권에 이르는 거질인데 아직 발간도 되지 않았다"는, 깔끔하나 실망스러운 답장을 보내왔다. 나는 그 답장을 받고도 포기하지 않고 수시로 책의 발간 여부를 확인했고, 내 잦은 확인에 지친 완상생은 새로 발간된 책을 구해놓고 내가 가져가기를 기다렸다. 물론 나는 가지 않고도 《황천경해》를 얻었다. 처음 정보를 주었던 이상적은 내 기대를 저버리지 않고 정보의 결실인《황청경해》를 내 무릎 앞까지 옮겨주었다. 첫 장을 펼쳤을 때의 감동은 여태도 잊을 수 없다. 완원이 내게 강조했던 단어를 곧바로 발견할 수 있었기 때문이었다. 평실정상, "바르고 실질적이며, 정밀하고 상세하게"라는 뜻의 이 단어는 처음 완원을 보았을 때 그가 썼던 바로 그 말이었다.

제대로 된 작품은
제대로 된 연습에서 탄생한다

감로수와 한라산과 송시열과 생강과 한 편의 시, 입춘첩과 박제가와 조강과 옹방강과 완원, 그리고 이상적까지 이어진 실제의 유람, 혹은 기억 속의 유람은 결국 너로 마무리되어야 마땅하다. 그 마무리의 시작은 네가 남긴 서화여야 마땅하다. 당연한 수순처럼 서화를 뒤적이다 수선화를 보았고, 또 그 뒤에 이어진 난초를 보았다. 너에게 배운 한숨이 또다시 튀어나오려 했다.

　너는 난초에 유달리 많은 공을 들였다. 그러나 네 난초는 그럼에도 여전히 부족했다. 네가 난초에 공을 들인지는 꽤 오래되었다. 바꿔 말하면 결실을 맺지 못한지도 꽤 오래되었다는 뜻이다.

나를 닮으려면 난초부터 제대로 쳐야 한다. 난초를 치는 법은 예서를 쓰는 법과 가깝다. 반드시 문자향과 서권기가 있은 후에야 얻을 수 있는 것이다. 난초를 치는 법은 그림 그리는 법식대로 하는 것을 가장 꺼린다. 난초를 치면서 그림 그리는 법식에 빠져버리면 이는 곧 사악한 마수의 길에 떨어지는 것이다.

지루하고 고압적인 훈계라며 가시울타리의 질시를 받기도 했던 이 문장들을 왜 다시 꺼내드는가? 오히려 지금은 훈계에 가까운 그 문장들이 도리어 적확하다고 말할 수 있기 때문이다. 왜 그런가? 난초를 제대로 치는 것이 아랫목이라면, 문자향과 서권기는 문이다. 어디 난초만 그렇겠느냐? 그림도, 글씨도 마찬가지다. 나는 글씨에 있어서는 왕희지王羲之를, 산수화에 있어서는 예찬과 황공망을 닮기 원했다. 왕희지와 예찬과 황공망이 나의 아랫목이었던 셈이다.

왕희지를 닮기 위해 무엇을 했는가? 곧장 왕희지를 익혔는가? 그렇지 않다. 문이 어디 있는지도 모르면서 아랫목을 차지하고 앉을 수는 없는 일. 나는 청의 글씨를 익히고, 명의 글씨를 익히고, 원의 글씨를 익히고, 송의 글씨를 익히고서야 왕희지를 익혔다.

예찬과 황공망을 닮기 위해 무엇을 했는가? 곧장 예찬과 황공망을 익혔는가? 그렇지 않다. 여기에서 다시 한 번 장경이 등장한다. 장경이 쓴 《국조화징록國朝畵徵錄》은 내가 예찬과 황공망에 도달하는 문이자 길잡이 역할을 했다. 나는《국조화징록》을 열어 왕시민王時敏, 왕감王鑑, 왕휘王翬 등을 알았고, 그들을 열어 예찬과 황공망을 배웠다. 내가 소치 허유許維를 처음 만났을 때 청의 왕잠이 만든《백운산초화고白雲山樵畵稿》를 권한 것도 같은 이유다. 나는 그 책을 주며 이렇게 말했다.

　이 책은 원나라 사람들의 필법을 모방해 그린 것이네. 이 그림들을 모방하여 그리고 나면 점점 깨닫는 게 있을 것이네.

소치가 내 뜻을 제대로 이해했음은 근래 소치의 그림이 비로소 그림답지 않음으로 그림다워졌음이 잘 입증해준다. 사람들은 내가 이광사의 글씨와 심사정의 산수를 높게 평가하지 않는 것에 대해서 심하게 비판을 가한다. 이제 너는 내가 그들을 그렇게 대하는 이유를 하나 더 알게 되었을 것이다. 구구절절한 설명을 할 이유도, 그럴 필요도 없다. 그들은 내게 있어 아랫목이 아니기 때문이다. 그럼에도 이광사는 문도 열지 않고 주제넘게 아랫목인 황정견의 글씨를 흠잡았고, 심사정은 고고한 아랫목인 문인화에 길에서 떠도는 환쟁이의 방식을 섞어 그림을 망쳤다.

혹시 그들의 방식이야말로 법을 새롭게 해석한 것, 그러니까 완원의 "남이 그렇다고 말해도 나 또한 그렇다고 말하지를 않는다"는 문장에 부합하는 것 아니냐고 생각할지도 모르겠다. 그러나 법을 완전히 이해하고 쓴 완원의 문장과 기본이 되는 법도 모르면서 법을 넘어서려고 한 그들과는 하나도 비슷하지 않다. 이 점에 있어서는 나더러 완고하다고 해도 할 말이 없다. 나는 그저 혹독한 관리의 차가운 손을 갖고 있는 것뿐이므로.

나는 목소리 높여 너에게 말한다. 너는 분명 나를 닮고 싶다고 했다. 나를 닮고 싶다는 것은 네가 문밖에서 서성이는 이광사와 심사정에 만족하지 않는다는 뜻이다. 아랫목에 자리한 왕희지와 예찬과 황공망을 꿈꾼다는 것이다.

쉬운 길은 아니다. 너는 그 길을 가면서 돌부리에 수없이 채이고 넘어질 것이다. 굽은 길로 잘못 들어서 가시밭길을 헤매기도 할 것이다. 어쩌면 나처럼 가족도 없이 벗도 없이 절해고도에 홀로 남겨져 수선화 한 뿌리에 눈가를 훔치기도 할 것이다. 힘든 그 길을 가기 위해 네가 먼저 갖추어야 할 것은 바로 문을 열고 따뜻한 아랫목을 차지할 생각을 하는 것이다. 그것들의 힘이 너의 눈물을 닦아주고 네 다리를 주물러 줄 것이며 문을 열어 아랫목으로 인도할 것이다.

너의 난초는 내가 보낸 또 다른 편지를 떠올리게 만든다. 너의 약점인, 착하기는 하나 사소한 무신경이 드러나는 바로 그 편지에 내가 응답한 것 말이다. 지난 해 너는 내게 편지를 보내 난을 치는 법을 물은 적이 있다. 너는 네가 친 난을 수십 장의 종이와 함께 보냈다. 네가 난을 쳐서 보냈으니 나도 난을 쳐서 보냈으면 좋겠다는 뜻이 그 수십 장의 종이에 담겨 있었다. 나는 너의 머릿속에 박힐 만한 강한 문장들을 골라서 다음과 같은 답장을 보냈다.

난을 치는 데는 붓을 세 번 굴리는 것을 묘로 삼는다. 너는 붓을 한 번에 죽 긋고는 바로 그쳤다. 붓을 세 번 굴리는 것에 공력을 쏟아라. 세 번 굴리는 것의 묘를 알지 못하면 그저 되는 대로 먹칠하는 것과 하나도 다르지 않다.

물론 너는 그때 내가 쓴 편지를 벌써 꺼냈을 것이고, 세 번 굴리는 것의 묘를 논하기 전, 내가 쓴 문장들도 읽었을 것이다. 그 문장들은 내가 너에게 편지를 받고 어떻게 했는지를 잘 보여준다. 그토록 많은 종이를 보낸 것을 보고 오랜만에 한참을 웃다 이렇게 답했다.

난을 치는 데는 종이 서너 장만 있으면 충분하다. 마음만 먹으면 천 장의 종이도 칠 수 있다. 그러나 나는 그렇게 하지 않는다. 내가 그렇게 하지 않는다는 것은 이미 너도 잘 알고 있는 바다.

내가 너에게 난을 쳐서 보내지 않은 이유를 너는 아느냐? 내가 정확한 이유를 말하지 않았으니 너는 그 이유를 알 수가 없을 것이다. 비난의 색조로 가득 찬 문장들에 당황해 얼굴조차 붉어졌을 너는 그저 속으로 온갖 추측만 했을 것이다.

이제 너에게 내가 난을 쳐서 보내지 않은 이유를 설명하려 한다. 앞서 쓴 문장이 바로 그 이유다. 너는 너를 아랫목으로 인도하는 문을 열지 않았다. 그래서 나는 너에게 난을 쳐서 보내지 않았다.

무슨 소리인가? 네가 보내온 종이는 명반수明礬水를 너무 들여서 붓을 휘두르기에 적당하지 않았다. 나는 그런 질 나쁜 종이에는 붓을 대지 않는다. 대개 붓과 종이가 서로 맞아야만 붓을 잡을 수 있는 것이다. 절대 억지로 할 수가 없다. 네가 나의 난을 원한다면 더 좋은 종이를 보냈어야 했다. 저급한 종이를 보냈다는 것은 난에 대한 너의 인식이 그 정도밖에 되지 않는다는 것이다. 내가 정약용 선생에게 보낼 수선화를 고려청자에 넣어 보냈던 일을 생각해보아라.

종이 욕심이 많은 나는 좋은 종이를 구하기 위해 여기저기 손을 벌렸다. 노욕이라 비웃는 이들도 있었겠지만 부끄러운 줄도 몰랐다. 이상적에게는 화전지를 요구했고, 전각篆刻을 잘하는 오규일吳圭一에게는 백로지를 요구했다. 회유와 요청의 형태를 띠었지만 그들은 다른 사람도 아닌 나의 요구에 분명 적지 않은 압박과 강제를 느꼈을 것이다.

종이만 그러한가? 붓도 그렇고, 벼루도 그렇고, 먹도 그렇다. 대개 명필은 도구부터 가리는 법이다. 왕희지는 《난정서蘭亭序》를 쓸 때 쥐털로 만든 서수필을 썼다. 서수필 중에서도 최고로 치는 것은 쥐수염으로 만든 것이다. 쥐수염은 빳빳하면서도 부드럽다. 작은 소리에도 제일 먼저 반응하기 때문에 그렇다. 그러므로 쥐수염으로 만든 서수필은 힘 있고 부드러운 글씨를 쓰는 데 제격이다.

벼루에는 단계석으로 만든 단계벼루가 있다. 내가 썼던 단계벼루는 사백 년도 더 된 것이다. 벼루의 면이 살짝 오목해 먹이 많이 모이는 것이 옛 사람들이 칭찬하던 명품과 하나도 다르지 않다.

종이와 붓과 벼루를 갖추었어도 좋은 먹이 없으면 헛것이다. 글씨를 쓸 때 붓을 사용하는 것은 먹을 골고루 칠하기 위해서다. 종이와 벼루가 먹을 돕는 것이다. 종이가 아니면 먹을 받을 데가 없고, 벼루가 아니면 먹을 갈 수가 없기 때문이다.

좋은 물건들을 구하는 것으로 끝이 아니다. 좋은 물건들은 관리를 잘 할 때 제 진가를 발휘하는 법이다. 종이는 버들가지나 대로 만든 그릇에 넣어두어야 한다. 벼루에는 새로 길어온 맑은 샘물을 쓰되, 쓰고 난 뒤에는 잘 씻어 말려야 한다. 먹은 쓸 때마다 새로 갈아 써야 하며, 붓은 둥글고 건장한 것이 잘 유지되도록 보관해야 한다. 한숨을 쉬는 너의 모습이 보이는 것만 같다. 그러므로 결국 난은 붓을 세 번 굴리는 것이 묘의 전부는 아닌 것이다.

이제 너는 알 것이다. 네가 보냈던 붓을 손도 대지 않고 쌓아놓았던 이유를. 너는 궁금해하면서도 내게 묻지 못했다. 나는 그 궁금증을 알면서도 외면했다.

이제 너에게 말한다. 너는 너를 아랫목으로 인도하는 문을 열지 않왔다. 그 점이 더욱 나를 안타깝게 만든다. 그러므로 다시 한 번 너에게 이렇게 쓴다.

"아랫목이 그리우면 문부터 찾아서 열어라."

지금의 자신에게
만족하지 마라

긴 유람은 이제 끝났다. 나는 유람의 실제적 소득인 감로수를 비운 후 망설이다 마침내 붓을 들었다. 붓을 들었지만 휘두르지는 못했다. 너에게 보낼 난을 칠 것인지, 기억을 되새길 입춘첩을 쓸 것인지 결정하지 못했기 때문이다. 한참을 고민하다 "입춘대길立春大吉"을 썼다. 마음에 들지 않았다. 여섯 살 때 썼던 입춘첩도 이보다는 나았을 것이다.

형편없는 글씨를 쓴 이유는 명확하다. 난 생각이 머리 한 구석에서 떠나지를 않았기 때문이었다. 손으로는 입춘대길을 쓰면서 머릿속으로는 난을 쳤기 때문이었다. 그렇다면 왜 난을 치지 않은 것인가? 그 이유 또한 명확하다. 아직 너를 위한 난을 칠 준비가 되지 않았기 때문이다. 그러므로 나는 이도저도 아닌 입춘첩인 입춘대길을 찢고 불태웠다. 찢고 불태움으로써 혹독한 관리의 기상을 되찾았고, 그 기상으로 너에게 마지막으로 박계첨朴季詹에 대해 말하려 한다.

박계첨은 절해고도에서 찾아보기 힘든 붓 만드는 실력을 지녔다. 어느 정도의 실력이냐 하면 가끔은 나도 그가 만든 붓을 찾아 쓸 정도다. 붓에 대해 내가 얼마나 까다로운 눈을 지녔는지는 더 말할 필요가 없을 것이다. 그러므로 박계첨의 붓은 어느 정도 경지에는 이르렀다는 뜻이다. 그러나 그에게는 안타까운 점이 한 가지 있었다. 스스로를 대단히 만족스럽게 여기는 것이다. 그렇게 쉽사리 만족해서는 안 된다고 훈계하려다 문득 깨달았다. 박계첨은 중국에 가본 적이 없다. 그러니 중국에서 만들어지는 붓이 얼마나 훌륭한지를 제대로 느껴보지 못했다.

그래서 내가 어찌했던가? 이상적이 나를 위해 가져온 중국 붓들을 그에게 몇 자루 주었다. 그러고는 네가 귀 아프게 들어온 문장, 문과 아랫목의 문장을 들려주었다. 박계첨은 붓과 문장이 말하고자 하는 바를 제대로 알아들었다. 그의 만족감이 땀으로 대체된 것, 전보다 조금은 나아진 붓을 내 손에 쥐게 된 것이 바로 그 증거다.

나는 너에게 이렇게 말한다. 박계첨이 할 수 있는 것을 네가 못할 까닭이 없다. 네가 아랫목을 차지하지 못할 까닭이 없다는 말이다. 모든 것은 너에게 달렸다. 네 땀이 바닥을 적신다면 어느 날인가는 내가 친 난도 별것 아닌 게 되어 그 바닥에 함께 있을 것이다. 나는 그 날을 기다리지만 아직 그 날은 오지 않았다. 그러므로 지금을 사는 나는 너에게 다만 이렇게 쓸 뿐이다.

"아랫목이 그리우면 문부터 찾아서 열어라."

목표를 실현하는 방법

현실적으로 너를 도울 수 있는 사람을 찾아라.
나는 원하는 것을 이루기 위해서는 기꺼이 고개 숙일 줄 아는 사람이다. 위리안치에
처한 내가 한라산을 유람할 수 있었던 것은 제주 감사에게 지속적으로 글씨와 그림
을 보냈기 때문이다. 이처럼 너를 현실적으로 도와줄 수 있는 사람이 있다면, 주저하
지 말고 그 사람의 마음을 움직여라.

목표를 이룰 수 있는 안내자를 구하라.
중국에 다녀온 사람은 많았지만, 중국에 대해 세세하게 말하는 사람은 박제가뿐이
었다. 당벽과 모난 성격을 지닌 박제가를 스승으로 모신 이유는 결국 중국에 있는
옹방강과 완원을 만나고 싶었기 때문이다. 박제가는 내가 쓴 시를 중국에 가져갔고,
이를 본 조강은 나를 옹방강과 완원에게 데려다주었다. 이처럼 문을 열어줄 수 있는
좋은 안내자를 찾는 일은 중요하다.

원하는 것이 무엇인지 핵심을 제대로 파악하라.
완원을 만났을 때 스승 박제가가 갖고 있던 초상화 이야기를 꺼낸 것은 우연이 아니
었다. 옹방강에게는 10년 전에 꾼 꿈 이야기와 보담재를 보물처럼 아끼고 있다는 말
을 전했다. 나의 호인 '추사'를 그에게 소개한 것도 모두 미리 예측한 행동이었다. 즉
내가 어떤 사람인지 그들에게 보여주고 싶었던 것이다. 이처럼 내가 원하는 바에 이
르고자 할 때, 무엇이 주이고 무엇이 객인지를 명확히 알아야 한다.

확실한 꿈이 있다면 이루기 위한 방법을 놓치지 마라.

이상적은 나를 위해 귀한 책을 얻어다주었고, 궂은 날씨나 험한 바닷길도 헤치며 대정까지 오곤 했다. 그의 의도는 분명했다. 나와 친분을 쌓으면 중국의 학식 있는 사람들에게 신뢰를 얻을 것이 분명했기 때문이다. 이상적처럼 이루고 싶은 꿈이 확실하다면, 문을 열어 아랫목을 먼저 차지하는 것을 부담스러워 하지 마라. 오히려 꿈이 있음에도 그 실천을 미루고 바로 행하지 않는다면, 바른 길로 가지 못하고 험한 길로 빠질 수 있다.

제4장

인정받으려면
인정하는 것부터 시작한다

진심을 위해서라면
가릴 것이 없다

초의의 차는 언제나 나를 일깨운다. 그가 보내준 차를 끓여 마시며 네게 썼던 문장을 다시 한 번 떠올렸다. "아랫목이 그리우면 문부터 찾아서 열라"는 그 문장 말이다.

사실 나와 초의의 관계에서도 이 문장은 가감 없이 그대로 적용된다. 초의는 내게 있어 뜨뜻한 아랫목인 차로 향하는 문이었다. 완원의 서재에서 차라리 천상의 것이라 할 만한 용단승설차를 맛본 후 나는 차의 세계에 흠뻑 빠져들었다. 그 아취와 황홀의 세계에서 발견한 것이 초의였고, 그가 만드는 차였다.

차를 애호하게 된 나는 그 문을 수시로 열었다. 어찌나 자주 열었는지 뜨뜻해야 할 아랫목이 이리저리 부는 바람에 차갑게 식어버렸을 정도였다. 아랫목이 식어서야 더 이상 아랫목이라 할 수 없기에 초의는 서둘러 문을 닫으려 했지만, 나는 결코 그 문이 닫히도록 내 버려두지 않았다. 초의에게 준 "일로향실—爐香室"이라는 글씨도 그래서 탄생한 것이다. 무작정 문을 열고 바람 가득한 고개를 들이미는 것도 정도가 있겠기에 일로향실이라는 글씨를 빌미삼아 당당하게 문을 열고 아랫목에 앉는 작전을 구사한 것이다.

초의의 차와 일로향실이라는 글씨는 절로 우리의 오래된 첫 만남을 떠올리게 한다. 그 첫 만남에 대해서는 다른 것은 몰라도 이렇게 단언할 수 있겠다. 차의 향과 일로향실이 어우러져 만들어내는 그 윽한 분위기는 그 시절에는 아예 존재하지도 않았다고. 당시 초의는 늙은 중을 스승으로 삼아 수락산 학림암에 머물고 있는 중이었다. 젊은 나는 눈 쌓인 산길을 헤치고 학림암으로 찾아가 초의의 스승인 늙은 중과 한바탕 논쟁을 벌였다.

논쟁만 했던가? 혹독한 관리의 차가운 손을 가진 내가 그랬을 리가 없다. 나는 늙은 중이 지닌 종이에 "그대는 집밖을 좇아가지만, 나는 집 안을 향해 앉아 있다"는 과격한 문장까지 적어가며 내 아비의 나이는 족히 되었을 그를 설복시키려 애를 썼다. 어쩌면 오늘날내가 귤중옥이라는 집 안에 갇혀버린 것은 실은 그때의 업보인지도 모르겠다.

아무튼 늙은 중은 입 다물고 웃음만 지었고, 대신 초의가 설복되었다. 설복되었다고 하는 것은 과장이고, 고승에게 겁도 없이 덤벼드는 나에 대해 관심을 갖기 시작했다는 정도의 문장이 더 진실에 가까울 것이다. 나 또한 그랬다. 동갑내기인데다가 정약용 선생에게 인재 중의 인재라는 칭찬을 들었을 정도로 뛰어난 학승이었던 초의에게 나는 그가 내게 느꼈던 것보다 더 큰 호감을 느꼈다. 그 호감은 결국 차로 귀결되었다. 초의는 정약용 선생에게 차 만드는 법을 제대로 배웠다. 나는 그의 차를 마셔본 후 이 사람이라면 되겠다 싶어 내가 중국에서 들었던 차에 관한 온갖 지식을 하나 남기지 않고 전했다. 초의는 어떻게 생각할지 모르겠으나 오늘날 초의의 차가 조선 최고의 명성을 얻게 된 것은 내가 전한 중국의 차에 관한 지식도—물론 기본적으로는 정약용 선생의 공로이지만—단단히 한몫했다고 말하고 싶다.

첫 만남을 회상하는 일은 줄줄이 얽힌 또 다른 추억을 꺼내도록 만든다. 얼마 전에 초의가 절해고도로 와서 나와 함께 귤중옥에 머물렀던 사실을 너는 알고 있으리라 믿는다. 그때 재미있는 일이 하나 있었다. 늙은 어부가 입맛 까다로운 나를 생각해 특별히 가져다 준 은어를 쥐들이 몽땅 먹어버린 사건이 생긴 것이다. 그때 초의의 반응이 걸작이었다. 그는 잃어버린 은어를 생각하며 입맛을 다시는 나를 보고 "은어는 집밖에 있습니까, 집 안에 있습니까, 그도 아니면 공의 텅 빈 뱃속에 있습니까?"라고 말하며 아예 노골적으로 비웃었다. 비웃음을 받고 그냥 있을 수는 없었다. 그렇다고 나이 먹어 경망스럽게 말로 싸울 수도 없는 일이기에 내 장기인 고급의 문장으로 맞섰다.

모르겠네, 쥐의 기호 사람과 같은 건가.
애를 끓어 아름다운 생선 맛을 능히 아네.
쥐 먹건 사람 먹건 먹기는 마찬가지
평등으로 보면 이치는 공평하네.
초의라는 늙은 중 마침 곁에 있었는데
저는 고기를 안 먹는다고 심상으로 보는구나.

초의는 그제야 나를 보고 고개를 끄덕였다. 물론 그 이전의 초의의
비웃음은 진짜 비웃음은 아니었다. 나의 맞섬 또한 진짜 맞섬은 아니
었다. 그는 절해고도까지 찾아온 내 고마운 벗이었다. 그가 머무는 동
안 나는 어린아이처럼 잔뜩 흥분해 웃고 떠들었다. 차를 논했고, 시를
논했고, 그림을 논했다. 절해고도에서 가라앉고 또 가라앉았던 나는
오랜만에 내 감정을 그대로 드러냈다. 기뻐하고, 슬퍼하고, 분노하고,
우울해했다. 그는 내 모든 말과 행동을 있는 그대로 받아주었다. 그
깊은 속내가 기쁘고 고마웠다. 나는 그에게 시를 지어 바쳤다.

한 침상에서 다른 꿈 없는 것이 좋기만 하다.
같은 음식 먹으면서 다른 속내가 있을 리 없다.

그러나 소년도 아닌 늙은 남자 두 명이 같은 꿈을 꾸는 시절이 영원할 리는 없다. 초의가 돌아가야 하는 것은 괴이한 일도 아니고 처음부터 정해진 일이었다. 그런데도 나는 초의에게 어떻게 했나? 아예 저주를 퍼부었다. 무슨 말이냐고? 나는 그에게 이렇게 썼다.

말을 타다 볼깃살이 벗겨져나가는 쓰라림을 겪고 있다 하니 자못 염려가 됩니다. 크게 상처를 입지는 않았습니까? 그러나 달리 생각하면 내 말을 듣지 않고서 망령된 행동을 했으니 그에 대한 앙갚음이 있었던 것은 사뭇 당연합니다.

말을 타다 볼깃살이 벗겨진 것은 염려스러운 일이 아니라 그의 잘못에 대한 당연한 응보라는 뜻이다. 그렇다면 나는 그에게 왜 이런 저주를 퍼부었나? 그가 내 곁을 떠나갔기 때문이다. 외딴 암자에 머무는 한가한 중이라 시각을 다툴 만한 급박한 일이란 애초부터 없는데도 나를 떠나 육지로 돌아갔기 때문이다. 유배객이기는 하지만 본디 그보다 지체가 높아도 한참 높은 내가 더 머물라고 애걸했음에도 그는 나를 떠나 육지로, 산으로 돌아갔기 때문이다.

나는 그가 귤중옥에 머무는 동안 그의 동자승 노릇을 하다시피 했다. 그를 위해 밥상을 차렸고, 물을 떠왔고, 시를 썼고, 글씨를 썼고, 그림을 그렸다. 그 정도의 정성이면 청맹과니라도 내 마음을 읽었을 것이다. 눈 밝고 영민한 초의가 그걸 몰랐을 리 없다. 그랬는데도 그는 떠나갔다. 그러니까 그는 앞서 쓴 시로 빗대어 말하자면 같은 방 안에서 다른 속내를 품었던 것이다. 한 침상에 누워 자면서 나와는 다른 꿈을 꾸었던 것이다.

그러나 그가 영원히 내 곁에 머물 수 없다는 것은 처음부터 정해진 일이었다. 사실은 그럼에도 나를 보러 어려운 걸음을 해준 것만 해도 고마운 일이었다. 그로서도 어찌 할 수 없어 떠난 것임을 모르는 바도 아니었다. 이렇게 변명하리라. 아는 것과 행동하는 것에는 하늘과 땅 사이만큼의 괴리가 있다고. 나는 어린아이처럼 그에게 매달렸다. 부실없는 짓이었다. 그로서도 고심 끝에 내린 결정이었던 만큼 내 부탁은 통하지 않았다. 쉽사리 마음을 돌릴 것이었으면 돌아가기로 마음먹지도 않았을 것이다.

굴중옥에 홀로 남아 꿈도 없는 잠을 이루던 내게 초의가 다쳤다는 소식이 들려왔다. 처음엔 깜짝 놀라 눈앞이 아득해졌으나 죽을 병이 아니라는 사실을 확인하고는 이내 빙긋 웃었다. 그리하여 나는 저주의 문장들이 담긴 편지를 쓰기에 이르렀다. 그 저주가 나의 진심은 아님을 너는 잘 알 것이다. 저주의 문장들 뒤에 혹시라도 오해할까봐 곧바로 진실 반 희롱 반의 마음이 깃든 문장을 덧붙였으니.

사슴 가죽을 얇게 조각내 상처 크기에 맞게 밥풀로 이겨 붙이십시오. 이는 중의 가죽과 사슴가죽이 통하는 데가 있기 때문입니다. 그 가죽을 붙이고서 곧장 몸을 일으켜 꼭 내게로 돌아와야만 합니다.

초의가 머물다 돌아간 사실, 그리고 우애를 빙자해 퍼부은, 저주에 가까운 나의 문장을 길게 설명하는 이유를 너는 알겠느냐? 벌써부터 그가 보고 싶기 때문이라는 생각도 분명 그 이유에 포함된다. 그러나 그것뿐만은 아니다. 그 이유엔 그리움을 넘어선 확신이 있다. 나는 이렇게 말하련다. 초의는 분명 얼마 지나지 않아 또다시 바다를 건너 절해고도의 나에게로 올 것이라고.

사실 초의는 그냥 내게 온 것이 아니다. 나는 초의를 절해고도로 오게 하기 위해 호소와 애걸은 물론 저주와 협박도 마다하지 않았다. 나는 초의더러 사람이 아니라 기다리기만 하는 돌이요, 나무라고도 했고, 편지만 받아도 감지덕지한 내가 어찌 고귀하신 몸이 직접 오기까지 바라겠냐고 비꼬기도 했고, 대죄를 짓지 않으려거든 어서 바다를 건너오라고 엄포를 놓기도 했다.

그런 것들이 통했냐고? 물론 통했다. 그랬기에 초의가 내게 왔다 간 것이고, 지금은 초의가 다시 올 것을 내가 믿어 의심치 않는 것이다. 나는 초의가 오도록 하기 위해서만 호소와 애걸, 저주와 협박을 동원한 것이 아니다. 초의가 만드는 차 또한 나의 호소, 애걸, 저주, 협박의 대상이었다.

차 시절은 아직 이른 겁니까? 도대체 따기는 했습니까? 나는 몹시 기다리고만 있습니다.

색도 좋고 향도 좋은 차가 그립습니다. 더운 날씨에 그냥 보내면 상할 테니 항아리에 넣되, 단단히 봉해서 보내십시오.

이곳에서는 차를 구하기 어렵다는 걸 잊기라도 했단 말입니까?

내가 초의에게만 그랬을까? 그렇지는 않다. 많은 것을 생각나게 하는 초의와의 추억을 잠시 뒷전으로 보내고 좀더 냉정하게 나를 드러내는 또 다른 편지 하나를 너에게 보여주고 싶다.

한학 이한덕은 3대에 걸쳐 집안끼리 교유하며 지내는 사람입니다. 한학 현상은 수역 현재명의 조카로 공부가 뛰어납니다. 이런 사람들은 부탁하지 않아도 공론이 있을 듯하지만 별도로 신경을 써서 낙방하지 않도록 해주십시오.

내가 미는 역관을 시험에 붙여달라고 쓴 청탁 편지다. 혹시라도 내 진심에 대한 오해가 있을까봐 낙방하지 않도록 해달라는 노골적인 언사까지 동원했다. 너로서는 처음 보는 편지일 것이다. 소심하고 소극적인 너는 나를 늘 우러러봤다. 우러러만 보니 말붙이기 어려워한 적도 많았다.

너만 내게 그러한 것은 아니다. 폭풍처럼 몰아치는 내 의론에 몸서리치는 이들은 세상에 많고도 많았다. 그들의 반응은 한결같았다. 그들은 약속이라도 한 듯 내게 맞서기보다는 입 다물고 돌아서 손가락질하는 것을 택했다.

다시 한 번 말하지만 나는 거세게 몰아붙이는 사람만은 아니다. 스스로를 고고한 학으로 여기는 사람도 아니다. 오히려 그 반대다. 뜻을 이루기 위해서는 진창도 마다 않는 사람이다. 원하는 것을 얻기 위해서는 상대를 가리지 않고 고개도 조아리는 사람이다. 청탁 편지는 그 맥락에서 나왔다.

너도 《논어》를 읽었으니 미생고尾生高를 알 것이다. 뜻밖에도 공자는 곧은 사람으로 소문난 미생고를 비난했다. 식초를 얻으러 온 이에게 자기에게 없는 식초를 이웃에서 빌려서 주었기 때문이었다. 미생고에 대해서 나는 공자와는 다른 생각을 갖고 있다. 내가 미생고의 처지에 놓여 있었더라도 나는 미생고처럼 했을 것이다. 물론 그렇게 한 이유는 미생고와 똑같지는 않다. 내가 식초를 빌려준다고 한 것은 다음에 다른 것을 그에게 빌려 달라 부탁하기 위함이다. 어렵사리 얻은 것임을 주지시키고 그를 내 편으로 만들기 위함이었다.

공자의 관심사는 미생고가 곧은 사람이냐, 그렇지 않느냐에 있었지만 나는 그렇지 않다. 내게는 그 사람에게 호감을 사는 것, 그리하여 향후 그에게서 어떤 값진 대가를 얻어낼 것인가가 더 중요하다.

그것이 내가 마음이 흔들릴 위험마저 감수하고 초의와의 추억을 길게 언급하고 청탁 편지까지 소개한 이유다.

그러므로 나는 나를 닮기 원하는 수줍은 너, 천 리 길을 새로 시작하면서도 여태 길만 확인하고 있는 너에게 이렇게 쓴다. 문을 찾아 열었느냐? 뜨뜻한 아랫목을 찾았느냐? 그 아랫목에 계속 앉고 싶으냐? 그렇다면 이렇게 해라.

"맹렬과 진심으로 요구하라."

옹방강이 알려준
요구의 미학

"맹렬과 진심으로 요구하라."

조금은 직설적이어서 의아하게 만드는 이 문장을 나는 요구의 미학이라 바꿔 부르기도 한다. 즉, 요구의 미학의 기원은 물론 초의가 아니다. 그 이전, 그러니까 나의 중국인 스승이었던 옹방강까지 거슬러 올라간다.

어렵게 연이 닿은 옹방강과의 만남은 감격적이었지만 함께 보낸 시간은 그리 길지 않았다. 더군다나 내가 옹방강을 만난 것은 귀국하기 며칠 전이었다. 나이와 국경은 문제도 되지 않을 만큼 서로가 잘 통한다는 사실을 이내 확인하기는 했지만 현실적으로 그 하나된 마음을 이어갈 방법이 마땅하지 않았다. 까딱 잘못하다가는 어렵게 맺은 인연이 썩은 동아줄처럼 허무하게 끊어질 판이었다.

그러나 그 이후의 전개는 어떠했나? 옹방강은 죽기 전까지 나의 스승 노릇을 했다. 죽기 열흘 전까지도 내 보잘 것 없는 편지를 기다렸고, 편지를 받은 후에는 어린아이처럼 좋아했다.

어떻게 그런 일이 가능했던 것일까? 옹방강이 유독 정이 많은 사람이라서? 그가 결코 잊을 수 없을 만큼 내 학식이 풍부해서? 옹방강이 유독 정이 많은 사람이기는 했다. 만나기는 까다로워도 만난 후에는 자신의 것을 다 내주는 마음 따뜻한 할아비 같은 사람이었다. 더군다나 옹방강은 자식 복이 없어서 일곱 아들 중 다섯 아들을 잃었다. 남은 두 아들의 운명도 결국엔 다르지 않았다. 명을 길게 하기 위해 다른 성까지 붙여 벗에게 의탁해 길렀던 정성 덕분에 사십 해를 넘게 살았던 옹수배翁樹培는 내가 중국에서 돌아온 다음 해에 세상을 떠났다. 나와 같은 나이라 유독 친분이 두터웠던 옹수곤翁樹崑도 불과 4년을 더 산 후 세상을 떠났다. 자신의 호인 '성원星原'과 내 호인 '추사'에서 한 자씩 따서 새로운 호 '성추星秋'를 만들었을 정도로 유난히 따뜻한 마음을 여과 없이 표현했던 그였기에 내 슬픔은 꽤 컸다.

그렇다고는 해도 자식을 잃은 아비인 옹방강의 슬픔에 비할 수는 없었을 터. 팔십 노인인 옹방강이 유독 내게 정을 보였던 것도 그러한 비극적인 가족사가 분명 한몫했을 것이다. 내 학식이 그를 놀라게 한 것도 절대 아니라고는 못 하겠다. 옹방강은 고증학자이면서도 송대의 철학에 많은 관심을 갖고 있었다. 고증학의 열풍에 휩싸인 중국에서는 온통 관념으로만 이루어진 송의 철학을 고루하게 여기는 분위기였다. 너도 알다시피 조선의 분위기는 달랐다. 지금도 마찬가지이지만 주자철학을 외면해서야 조선의 학자라고 할 수가 없다. 고증학이 나의 내면 가운데 한 부분을 구성하고 있었다면 송의 철학은 여전히 조선에 살고 있는 내게는 잘 어울리는 겉옷이나 마찬가지였다. 그래서 그는 송의 철학에 대한 내 지식에 깊은 감명을 받았던 것이다. 노자를 읽는다고 아비에게 혼이 났던 것을 생각하면 조금은 의외의 반전이기도 하다.

옹방강의 정과 나의 빼어난 학식이 어느 정도 역할을 하긴 했겠지만 단언컨대 그것만이 전부는 아니었다. 이 부분에서 바로 요구의 미학이 등장한다. 나는 귀국하자마자 옹방강의 팔순을 축하하는 명목으로 "남극수성南極壽星"이라는 글씨를 써서 다른 선물들과 함께 보냈다. 글씨가 뭐 그리 중요하냐고? 큰 의미가 있다. 옹방강은 고증학자답게 8만 권 금석의 기운을 팔목에 쏟아부었고, 그 금석의 기운으로 글씨에 있어 용상龍象이 되었다. 남극수성은 옹방강의 글씨체를 충실하게 따랐다. 그러므로 열어보는 순간 옹방강은 곧바로 자신의 글씨체를 알아볼 수 있었을 것이다. 물론 지금의 내 글씨는 옹방강과 닮은 구석이 그리 많지는 않다. 하지만 그 시절 옹방강의 글씨가 내 글씨의 진전에 큰 역할을 했다는 사실을 부인하고 싶지는 않다. 그러므로 나는 그 사실을 옹방강에게 적극적으로 드러내는 것을 조금도 괘념치 않았다.

소심한 네가 말은 못하고 머뭇거리는 모습이 보이는 것만 같다. 네가 하고픈 말을 안다. 요구의 미학을 말하면서 어찌 준 것만을 이야기하느냐고 말하고 싶은 마음에 몸을 살짝 비틀었을 수도 있겠다. 그렇다면 너는 아직 요구의 미학을 이해하지 못했다.

요구의 미학의 첫 번째 단계는 먼저 맹렬과 진심을 주는 것이다. 벌써 미생고의 예를 잊었느냐? 공자는 달리 생각했겠지만 실은 모든 것은 먼저 주는 것으로부터 시작하는 법이다. 내 이론의 적합성은 옹방강의 반응에서 드러난다. 뜻밖의 선물을 받은 옹방강이 가만히 있을 리 없었다. 그는 내게 내가 준 것보다 더 귀한 물건들을 보내왔다. 책들과 금석 탁본들을 보내준 것도 고마웠지만, 주학년朱鶴年을 시켜 구양수歐陽修 초상을 그려 보낸 것은 아예 나를 감격하게 만들었다. 구양수도 6월에 태어났고 나도 6월에 태어났다. 그러므로 구양수의 초상을 그려 보낸 것은 나의 사소한 정보까지 그가 잊지 않고 기억하고 있다는 사실, 송의 대문장가 구양수에 비견할 만큼 내게 기대가 크다는 사실 등을 구구절절 장문의 글로 써 보낸 것이나 마찬가지였다.

그와 물꼬가 트였으니 그 뒤로는 거칠 것이 없었다. 나는 옹방강에게 맹렬과 진심으로 요구했다. 그에게 글씨의 법도를 물었고, 학문의 핵심을 물었고, 중국 학계의 동향을 물었다. 그는 내 질문에 역시 맹렬과 진심을 담아 답했다. 그가 보낸 답장은 열정과 학식으로 가득 찬 한 권의 아름다운 책이었다. 자신이 지은 《독경부기》를 보내달라는 요청에 대해 답한 부분은 볼 때마다 내 옷깃을 절로 여미게 만들었다.

제가 지은 《독경부기》는 모두 74권입니다. 그대가 보고 싶어 하는 뜻을 알고서도 한꺼번에 보내지 못하는 이유입니다. 다른 이유도 있습니다. 늙어서 별다른 할 일이 없는 나는 새벽에 일어나 처음부터 다시 읽어봅니다. 매일 하다 보니 아예 일과가 되어버렸습니다. 그런데 읽을 때마다 보태고 고치고 깎고 옮겨야 할 곳들을 발견합니다. 만족스럽지가 않아 다시 얽힌 곳을 찾아가다보면 한꺼번에 급히 이루지 못하고 벗들에게 물어보게 됩니다. 꼭 겸손해서 그런 게 아니라 어쩔 수 없어서 그런 것입니다.

당대 최고의 학자 중 한 명이면서도 끊임없이 보태고, 고치고, 깎고, 옮기고, 질문하는 그의 모습에 감동한 나는 그의 정신을 시로 옮겨 썼다.

사실을 밝히는 것은 책에 있고
이치를 따지는 것은 마음에 있네.
옛것을 고찰하여 현재를 증명하니
산은 높고 바다는 깊네.

나는 이 시를 표구해 머리맡에 걸어놓고 매일 보기까지 했다. 아쉽게도 이 표구는 지금은 내게 없다. 전기田琦에게 주었기 때문이다. 나는 전도유망한 전기의 피와 땀을 끌어내기 위해 이 표구를 그에게 주었다.

내가 맹렬과 진심으로 옹방강과 주고받은 것이 편지와 선물만은 아니었다. 더 중요한 것은 사람이었다. 조선인 신위申緯와 중국인 섭지선葉志詵이 바로 그들이다. 나는 서장관書狀官으로 중국에 가는 신위에게 옹방강을 소개시켜주었다. 기실 이것은 처음 있는 일은 아니었다. 중국을 가는 이들, 옹방강을 만나려는 이들이 나를 찾아오는 것은 언제부터인가 관례가 되다시피 했으니. 그리하여 대궐 같은 내 집 앞은 먼지가 쌓일 틈조차 없었으니. 당시의 상황에 대해 감히 이렇게 말할 수 있겠다. 나를 통하지 않고서는 옹방강을 만날 수 없었다고.

그렇다고 내가 거드름을 피운 것은 아니었다. 나는 옹방강을 만나기 원하는 이들에게 맹렬과 진심으로 다리를 놓아주었다. 무엇을 바랐냐고? 특별히 바란 것은 없었지만 실은 진심으로 맹렬하게 바란 것이 많기도 했다. 나는 그들에게 옹방강에게 줄 선물을 보냈고, 옹방강은 그들을 통해 내게 줄 선물을 보냈다. 선물들은 귀한 것들이지만 더 큰 소득에 비하면 그것들은 아무것도 아니었다. 내게 있어 가장 중요한 것은 나를 통해 옹방강을 만난 이들이 보고 온 중국이었다. 그들이 느낀 중국의 인물, 정세, 학문에 관한 최신 동향은 내 안에 있는 창고에 차곡차곡 쌓였다. 사람들은 오늘날에도 중국하면 내 이름을 떠올린다. 이것이 바로 중국에 한 번 밖에 다녀오지 않은 내가 뜨뜻한 안방 아랫목에 앉아 중국을 가장 잘 아는 이가 된 비결이었다.

신위 같은 경우는 조금 특별한 구석이 있기는 했다. 신위는 나보다 연상인 데다가 시서화로 이미 상당한 유명세를 얻은 이였다. 하지만 혹독한 관리의 차가운 손을 지닌 사람으로서 평가하자면 세부에 능한 강점을 지닌 그에게는 안타깝게도 큰 흐름을 바라보는 안목이 없었다. 그의 잠재력을 알고 있는 나는 그의 눈을 뜨게 해주고 싶었다. 내가 본 것을 그 또한 보기를 바랐다. 그것이 바로 그가 원하기도 했지만, 스스로 기꺼이 나서서 그를 옹방강에게 소개해준 이유였다. 소개만으로도 마음이 놓이지 않아 나는 그를 떠나보내는 자리에서 이렇게까지 썼다.

자하 신위 선생이 만 리를 지나 중국에 들어가게 되었다. 괴이하고

장엄한 경관을 수도 없이 보겠지만 내 생각엔 옹방강 선생 한 분을 뵙는 것이 훨씬 더 나은 것 같다. "이 세계에 있는 것을 모두 보았으나 그 모든 것은 부처 한 분보다 못했다"라는 문장이 있다. 나 또한 선생의 연행에 이 문장을 내세우고 싶다.

맹렬과 진심으로 이룬 교류의 효과는 컸다. 옹방강의 환대를 받으며 여태껏 살아오면서 본 것보다 더 많은 것을 보고, 여태껏 살아오면서 들었던 것보다 더 많은 것을 듣고 온 신위는 돌아오자마자 자신이 그때까지 썼던 시를 아낌없이 불태워버렸다. 그 뒤로 신위의 시와 서화가 한 단계 높은 수준에 올라섰음은 너도 알고 있을 터이니 더 말할 필요가 없을 것이다.

거듭 말하지만 나는 신위에게 아무것도 요구하지 않았다. 하지만 실은 그에게 맹렬과 진심을 담은 무언의 요구를 한 바가지 퍼부은 것이나 마찬가지였다. 보고 배우라는, 자신의 벽을 부수라는, 어찌 보면 가혹하기까지 한 그 가차 없는 요구를 신위는 제대로 받아들였다. 오늘날 신위가 빼어난 성취를 이룬 데는 그의 노력과 함께 내 요구의 미학도 일조를 했다고 감히 말하는 것은 그러므로 무리는 아닐 것이다.

내가 신위를 보냈다면 옹방강은 섭지선을 보냈다. 섭지선을 보냈다는 말은 좀 어폐가 있다. 신위는 중국 땅을 밟았지만 섭지선은 평생 중국 땅을 떠난 적이 없으므로. 일의 전말은 이러하다. 옹수곤이 죽은 후 옹방강은 내게 섭지선을 소개시켜주었다. 그 첫 번째 이유는 섭지선이 옹수곤의 둘도 없는 벗이었기 때문이었다. 옹수곤을 만나면서 섭지선도 만나기는 했지만 그 또한 만남이라 부르기에는 짧은 순간이었다. 그랬던 옹방강이 섭지선을 소개해준 이후에는 옹수곤만큼이나 가까운 벗이 되었다. 결국 나는 옹방강 덕분에 새로운 벗을 얻게 되었으므로 옹방강이 내게 섭지선을 보냈다는 말을 쓴 것이다.

섭지선은 글씨도 훌륭했지만 무엇보다도 금석학에 조예가 깊었다. 그의 아비는 《대청회전大淸會典》을 편집한 학자였다. 대학자의 아들답게 그는 아비의 학문적 재능과 열정을 그대로 이어받았다. 운 좋은 그는 아비의 부도 함께 이어받았다. 섭지선과의 교류는 그즈음 금석문에 관심이 많았던 내게 큰 도움이 되었다. 우리는 서로에게 맹렬과 진심을 담은 수많은 요구를 했다. 나는 그에게 오래된 중국 비석들의 탁본을 요구했고, 그 또한 조선 비석들의 탁본을 요구했다. 값에 구애받지 말라던 그의 대범한 요구, 그리고 완원의 아들 완복이 바라는 일본도를 구해달라는 그의 이채로운 요구가 섭지선의 얼굴과 함께 떠올라 나를 잠시 웃음 짓게 한다.

섭지선과의 인연을 말하면서 빼놓을 수 없는 것이 있다. 그것은 바로 옹방강의 죽음이었다. 옹방강이 세상을 떠났다는 소식을 내게 알린 것 또한 섭지선이었다.

　단계 선생께서 돌아가셨습니다. 애통하고 애통합니다. 돌아가시기 며칠 전에는 식사도 잘하셨고, 정신도 온전하셨습니다. 그런데 돌아가시던 그날 오후에 갑자기 눕고 싶어 하셨습니다. 한밤중까지 주무시다가 집안사람들을 부르시더니 일어나 앉으셨습니다. 잠깐 앉아 계시더니 문득 목구멍에서 가래 끓는 소리가 들렸습니다. 집안사람들이 부르며 소리쳤지만 이미 눈을 감고 돌아가셨습니다. 애통하고 애통합니다.

　나는 두 달 후에야 그 소식을 전해 들었다. 슬픔 속에서 내가 제일 먼저 떠올린 것은 옹방강의 인품도, 학식도 아니었다. 그것은 바로 세상을 떠나기 한 해 전에 그가 보내온 한 통의 편지였다.

　보내주신 두 뿌리의 인삼은 아주 정미해서 저의 몸은 큰 도움을 받고 있습니다. 매일 저녁 잠을 이루지 못할 때 이것을 먹으면 잘 수 있습니다. 의사들은 제가 받은 인삼을 보고 모두 찬탄하며 구입하기 쉽지 않은 것이라고 하였습니다. 다음에 보낼 때는 수십 뿌리를 보내주시어 이 늙은이가 원기를 배양하는 데 도움을 받도록 해주셨으면 합니다.

늙은 옹방강의 건강은 그때도 좋지 못했다. 나는 수십 뿌리의 인삼을 인편에 보냈지만 그 인삼은 옹방강의 바람과는 달리 그의 목숨을 건지지 못했다. 스승의 치유에 도움도 못 준 죄인이건만 그럼에도 스승은 나를 그리워하고 또 그리워했다. 부음 뒤에는 그 그리움의 강도를 증명하는 일화가 세밀하게 적혀 있었다.

선생께서는 그대의 편지를 학수고대하고 계셨습니다. 제게 편지를 보내 묻기도 하셨습니다. 그러다 도착한 편지를 보시더니 아주 기뻐하시며 저를 부르시고는 학문을 논한 글을 써서 그대에게 보낼 것이라는 말씀을 해주셨습니다. 답장을 보낼 계획이었는데 뜻하지 않은 일이 생겨 이 희망은 이룰 수 없게 되었습니다.

그 편지를 읽은 내가 무엇을 했던가? 나는 목멱산으로 갔다. 산길을 정처 없이 걷다 꼭대기에 올라가 서쪽을 향해 고개를 숙였다. 세상을 떠난 스승, 나를 유난히도 아끼던 스승에게 보내는 애도였다. 그렇게 하나의 인연이 사라졌다. 그러나 맹렬과 진심의 주고받음이 옹방강의 죽음으로 끝났다고 생각하는 것은 오산이다. 무슨 말이냐고? 이듬해 나는 대과에 급제했다. 내 애도에 대한 옹방강의 화답이었다. 사람들은 이런 결론에 혀를 차겠지만 적어도 나는 그렇게 믿었고 지금도 그 믿음에는 변함이 없다.

주눅 들지 않고
추진하는 힘

이제 나는 소치를 말하려 한다. 왜 하필 소치냐고 묻고 싶은 마음이 있다는 것을 안다. 내가 할 수 있는 답은 간단하다. 소치는 내게 서화를 배웠지만 실은 요구의 미학, 즉 "맹렬과 진심으로 요구하라"는 문장을 온몸으로 체득하고 있었던 몇 안 되는 사람이기도 하다.

소치는 나를 만나기 전까지 제대로 된 그림 공부를 한 적이 없었다. 어릴 때부터 그림에 관심이 많았다던 소치였다. 그러나 안타깝게도 혹은 당연하게도 한미한 가문 출신인 그의 주위에는 그림을 아는 이가 하나도 없었다.

그는 어떻게 했던가? 그저 절망하고 머리만 쥐어뜯었던가? 그렇지 않다. 그는 자신이 그때까지 그린 그림 중 가장 훌륭하다고 생각하는 것을 들고 가서 숙부에게 보여주었다. 숙부가 그림을 알았냐고? 아니었다. 그의 주위에서 그나마 그림에 대해 물어볼 수 있는 사람이 숙부였던 까닭이다. 그의 느닷없는 요구에 숙부는 이렇게 대답했다고 한다.

"모르긴 몰라도 그림이 괜찮구나.《오륜행실도五倫行實圖》는 솜씨 좋은 화가들이 그린 것이니 구해서 보면 좋을 게다."

기가 막힌 대답이다. 너도 알겠지만《오륜행실도》는 그림 공부를 하기에 적당한 책이 아니다. 무지몽매한 백성들을 위해 오륜의 내용을 김홍도金弘道 풍의 알기 쉬운 그림으로 옮겨놓은 교훈적인 책에 지나지 않는다.《오륜행실도》로 그림 공부를 하는 것은《수호지》를 읽으며 경서 공부를 하는 것과 하나 다를 것 없다.

그렇지만 소치는 어떻게 했나? 자신의 요구에 대한 숙부의 답변을 귀히 여긴 그는 사방으로 수소문한 끝에《오륜행실도》를 얻었다. 그러고는 석 달 동안 방 안에 틀어박혀 책에 등장하는 그림들을 베끼고 또 베꼈다. 소치는 흡사 용이라도 잡을 기세로 결코 용이 될 수도 없고, 용이 되어서도 안 되는《오륜행실도》를 손에서 놓지 않았다. 그가 용을 잡았을까? 용은 있지도 않았기에 그럴 수는 없었을 터. 땀 흘리던 소치는 깨달았을 것이다.《오륜행실도》로는 그림을 공부할 수 없음을, 용을 잡을 수 없음을. 그림을 공부하려면, 그러니까 아랫목에 앉으려면 앞서 네게 말했듯 제대로 된 문부터 찾아야 함을.

소치는 어떻게 했는가? 그저 절망하고 머리만 쥐어뜯으며 자신의 신세를 한탄했는가? 그렇지 않다. 그는 일지암으로 가서 초의를 만났다. 그가 초의를 만난 적이 있었을까? 그렇지 않다. 빈한하며 이름도 없는 진도 촌사람인 그가 이전에 초의를 대면했을 가능성은 없다. 그럼에도 그는 일지암으로 가서 초의를 만났다. 그가 했을 행동이 눈앞에 보이는 것만 같다. 그는 일찍이 숙부에게 그랬던 것처럼 고개를 꾸벅 숙여 보인 후 무작정 자신이 그린 그림부터 내밀었을 것이다.

결론부터 말하자면 소치는 제대로 된 문을 찾았다. 학승답게 그림에도 일가견이 있었던 초의는 언뜻 보아 미숙하기만 한 그의 그림에서 숨은 가능성을, 그리고 그에게 고개 숙인 남자의 투박한 뒷머리가 맹렬과 진심으로 요구하는 바를—그림보다는 뒷머리가 훨씬 더 강렬했을 것이다—한눈에 알아보았다. 초의는 그를 일지암에 머물게 했다.

초의는 무엇을 했나? 초의는 소치에게 그림을 가르치지 않았다. 하지만 그림을 가르치기도 했다. 이 모순적인 해답은 공재 윤두서尹斗緖의 《공재화첩恭齋畵帖》에 있었다. 초의는 소치를 직접 가르치는 대신 《공재화첩》을 보게 하는 방법을 택했다. 소치가 윤두서의 후손 윤종민尹鍾敏에게서 《공재화첩》을 빌려볼 수 있었던 것은 초의의 보증이 있었기에 가능한 일이었다. 《공재화첩》을 본 소치가 가장 먼저 느낀 감정은 슬픔이었다. 자기가 사는 세상에 그런 그림이 있는 줄도 모르고 살았던 사실이 그를 슬프게 만들었던 것이다. 슬픔이 지나간 후에는 경탄을 했다. 그에게는《공재화첩》이 분명 신품이었다.

소치는 어떻게 했는가? 그저 절망하고 머리만 쥐어뜯으며 자신의 신세를 한탄하고 슬픔에 빠져 있거나 경탄하기만 했나? 그렇지 않다. 그는 그 슬픔을 제 몸에 머물게 하고는 남아 있는 경탄으로 붓을 만들었다. 그 붓으로 그에게는 신품 중의 신품인 윤두서의 그림들을 공들여 모사하기 시작했다. 몇 달 걸려 모사를 마친 소치의 그다음 행적이 바로 너에게 말하고 싶은 부분이다. 아마도 초의는 소치에게 나에 대한 이야기를 수도 없이 했던 모양이다. 견문도 없는 소치의 머릿속에 내가 조선에서 가장 대단한 인물이 되어 굳건한 바위처럼 자리했던 것을 보면.

소치는 어떻게 했나? 그저 나를 꿈꾸기만 했나? 아니었다. 그는 내게 당당히 맹렬과 진심을 담아 요구했다. 요구의 방법은 여태 생각해도 재미있기만 하다. 그는《공재화첩》에서 자신이 좋아하는 그림을 모방해 그린 후, 서울로 올라오는 초의의 손에 보냈다. 초의에게서 소치가 그린 그림을 전해 받은 나는 이렇게 말했다.

"허군의 화격은 볼수록 묘합니다. 다만 품격은 이루었으되 견문이 부족해 그 좋은 솜씨를 마음대로 구사하지 못하고 있습니다."

소치의 그림은 사실 뛰어난 것은 아니었다.《공재화첩》 말고는 제대로 된 그림을 접해본 적이 없는 탓에 겉으로 보기에는 멀쩡했으나 신운을 갖춘 단계에는 이르지 못했다.《공재화첩》또한 소치가 부르르 떨며 느꼈던 것과 같은 신품은 못 되었다.

그렇다면 왜 나는 나의 엄격하고 냉정한 기준에 미치지 못하는 소치의 그림을 보고 분에 넘치는 칭찬을 했나? 이 또한 답은 간단하다. 초의가 소치에게서 본 것을 나 또한 한눈에 알아보았기 때문이었다. 소치의 그림에는 자신을 도와달라는 맹렬과 진심의 요구가 물 빠진 저수지에서 입만 내밀고 발버둥치는 고기들처럼 차고 넘쳤다. 나는 그토록 요구가 많은 그림은 본 적이 없었다. 그리하여 그를 불러들인 것이다. 불러들였다고 단번에 그를 인정하지는 않았다. 그의 요구에 응한 셈인 나는 실상 그의 요구가 얼마나 무지한 것인지 각인시켰다.

그림 그리는 길은 참으로 어려운 것이다. 자네가 이미 화격을 체득했다고 생각하는가? 자네는 화가의 삼매三昧에 있어 천 리 길 가운데 이제 겨우 세 걸음 내디딘 것에 지나지 않는다.

지나친 말이라고 할 수도 있겠다. 요구가 많았더라도 재능과 열망이 없었다면 결코 그를 부르지 않았을 테니. 또한 이왕 부른 것이니 앞으로 갈 가시투성이 고난의 길을 배려하는 마음에서 다독거리고 격려하는 부분부터 시작할 수도 있었다. 그러나 그것은 "혹독한 관리의 차가운 손을 기억하라"는 내 가르침에 어긋난다. 맹렬과 진심의 요구를 읽었기에, 기대와 바람이 크기 때문에 훈계도 엄한 것이다. 그날 본 소치의 얼굴은 아직도 잊을 수 없다. 체구는 작은데 눈빛은 어찌나 형형하던지 그 눈빛이 부담스러워 나조차도 잠깐 고개를 돌려 다른 곳을 보았을 정도였다. 소치는 그 형형한 눈빛으로 내가 하는 한 마디 한 마디를 다 빨아들였다.

왕잠의 《백운산초화고》가 자네에게는 문이 될 것이다. 원나라 사람의 필법을 제대로 모방한 것이니 그림 하나마다 열 번씩 따라 그리도록 해야 할 것이다.

소치는 나의 까다로운 요구에 숨은 의미를 곧바로 이해했다. 말하지 않았으나 실은 말한 것, 그것은 바로 내 요구를 충실히 따를 경우 그를 제자로 받아들이겠다는 사실이었다. 내 제자가 되기를 조선에서 그 누구보다 간절히 원했던 소치는 내 말을 그대로 따랐다. 아니, 오히려 그대로 따르지 않았다. 열 번씩 본떠 그리기는 했으나 그것을 수십 번도 넘게 했으니. 맹렬과 진심의 요구가 많은 자가 부처가 되겠다고, 용을 잡겠다고 달려들었다. 그 결과는 무서웠다. 아는 것 없고 빈한한 소치는 서권기와 문자기가 어쩔 수 없이 부족했다. 그러나 그 부족함을 부지런한 손과 뜨거운 땀으로 메웠다. 소치는 말없이 그리고 또 그렸다. 혹독한 관리의 차가운 손처럼 냉정한 내가 유독 소치에게는 관대하다는 사실을 너는 일찍부터 알아챘을 것이다. 그건 바로 소치의 남다른 노력 때문이었다. 맹렬과 진심을 담은 남다를 수밖에 없는 요구 때문이었다.

소치에 대해서는 이렇게 말하련다. 눈에 보이는 소치의 그림에는 흠이 있었으나 보이지 않는 소치의 그림에는 흠이 없었다. 기교는 부족해도 정신은, 그 뒷머리는 살아 있었다. 아니, 나는 이렇게 바꿔 말하련다. 서권기와 문자기라는 것이 어찌 책을 통해 얻은 경지만을 말하는 것이겠느냐? 때로는 책 한 권 읽지 않아도 그 경지에 이를 수 있다는 것을, 더 나은 것을 요구하고 자신에게 주어진 기대에 부응하는 것도 하나의 경지임을 소치는 제 몸으로 내게 보여주었다고.

소치에게 나는 어떻게 했나? 나는 그에게 '소치'라는 호를 내렸다. 황공망의 호인 대치에 견주어 그를 소치라 한 것이다. 소치를 다른 누구도 아닌 '대치'를 숭앙하는 소치로 인정해준 것이다. 내가 그에게 얼마나 큰 기대를 품었는지를 알 수 있는 부분이다.

맹렬과 진심을
상대에게 전하는 방법

그렇게 시작된 그와 나의 맹렬과 진심의 요구를 다리처럼 사이에 둔
관계가 극적으로 변한 것은 바로 유배 때문이다. 그 의미는 이렇다. 소
치는 내가 대정에 자리를 잡은 후 가장 먼저 나를 찾아온 육지 사람
이다. 너도 이 절해고도에 와 봤으니 알 것이다. 배를 타고 바다를 건
너는 이의 목숨은 오직 하늘에 달렸다. 의금부도사처럼 떨어도 마찬
가지이고, 나처럼 떨지 않아도 마찬가지다. 그 사실은 변하지 않는다.

　소치 또한 그 두려움을 내게 이렇게 고백한 바 있다.

　"하늘과 맞닿은 큰 바다에 거룻배를 이용하여 왕래한다는 것은,
삶과 죽음의 갈림길에서 운명을 하늘에 맡겨버린 것입니다."

　그럼에도 그는 운명을 하늘에 저당잡히고도 세 번이나 나를 찾아

왔다. 나를 본 그가 제일 먼저 무엇을 했는지 아느냐? 그는 내게 절을 하고 눈물을 흘렸다. 그가 뱉은 문장은 단 하나였다.

"너무 늦게 왔습니다."

두서없는 그 눈물과 하나의 문장이 내 마음을 움직였다. 그가 왔다는 사실만으로도 내 마음은 뜨거워졌지만, 장성한 남자가 눈물을 흘리며 단 하나의 문장 속에 자신을 맡겨버린 모습은 형언하기 힘든 감동마저 안겨주었다.

세속에서 소치에 대한 내 애정이 지나치다고 말하는 이들이 있다는 것을 안다. 소치의 그림에 대한 내 평가도 지나치다고 말하는 이들이 있다는 것을 안다. 그들은 소치의 눈물을 못 보았다. 장성한 남자가 흘리는 눈물을, 그가 하나의 문장을 토해내는 모습을, 목숨을 걸고 바다를 건너온 남자가 눈물과 문장에 허물어지는 광경을 못 보았다. 그들은 요구의 미학을 몰랐다. 맹렬과 진심을 담은 주고받음, 그 짧은 다리가 어떻게 바다를 건너서까지 이어질 수 있는 것인지 그들은 도통 몰랐다.

나는 그 눈물과 문장의 요구에 어떻게 반응했나? 내 머릿속 지식과 마음속 감정을 아낌없이 베푸는 것으로 화답했다. 눈물을 닦은 소치는 내 곁에 머물며 그림을 그리고, 글씨를 쓰고, 시를 지었다. 맹렬과 진심어린 요구의 주고받음은 결국은 맹렬과 진심의 향을 사방에 풍기는 성취를 낳는 법이다. 소치의 솜씨는 하루가 다르게 발전해

갔다.

절해고도에서 돌아갈 기약도 없이 그저 저승길 주변을 집인 양 맴
도는 내게 그의 진전은 큰 기쁨이었다. 나는 그 기쁨을 초의에게 보
내는 편지에 옮겨 담았다.

소치는 날마다 고화와 명첩을 많이 보기 때문에 화격이 크게 자
랐습니다. 함께 보지 못하는 것이 한입니다. 오백 불의 진영眞影이 실
린 수십 책이 있으니 보게 되면 크게 욕심을 낼 것입니다. 그와 더불
어 나날이 마주앉아 펴보곤 하니 이 즐거움을 어찌 다하겠습니까.

두터운 손을 지닌 그는 손가락으로 그리는 지두화에 특히 능했다.
나는 그의 지두화를 보고는 이런 시를 짓기도 했다.

손톱자국, 소용돌이 지문, 이는 선의 교외별전教外別傳 같은 것.
뒤틀리고 기이하고 괴상함이 절로 천연스럽네.
그림을 통해 선의 깊은 깨달음에 든다면,
손가락 끝 선에서 천롱을 취하리라.

너는 이 시가 무엇을 의미하는지 잘 알 것이다. 나는 소치더러 마
침내 손가락으로 용을 잡았다고 말한 것이다. 그러므로 내가 소치의

그림을 보고 "압록강 동쪽에 이 만한 그림은 없다"고까지 말한 것은 당연한 귀결일 터이다.

　나의 극찬은 사실 소치의 그림을 향한 것이 아니었다. 더 적실하게 내 마음을 표현하자면 "압록강 동쪽에 이 만한 요구의 미학을 아는 자는 없다"가 되어야 했을 것이다. 어찌 보면 나는 그의 아름답고 맹렬한 진심의 요구 앞에서 혹독한 관리의 차가운 손을 잠시 잊었던 셈이다.

　그러나 너도 이해해주어야 한다. 오랜 요구와 노력 끝에 마침내 용을 잡을 경지까지 이른 사람을 보면 너라도 그런 말을 했으리라는 것을 말이다.

　나는 늘 사람이 9,999분分까지 이르러도 나머지 1분만은 원만하게 성취하기 어렵다고 여겨왔다. 그 마지막 1분은 웬만한 인력으로는 가능하지 않다고 여겨왔다. 그러나 소치를 보면서 그 1분이 결국은 사람의 힘 아닌 것에서 나오는 것도 아님을 알게 되었다.

　용을 잡고 싶으냐? 부처를 만나고 싶으냐? 그렇다면 먼저 소치를 배울 일이다.

　내게 칭찬을 받을 만큼 받았으니 소치의 요구도 더 이상은 없었으리라 생각할 수 있겠다. 그렇지 않았다. 소치는 요구할 것이 아직도 많은 사람이었다. 소치는 제 그림을 적극적으로 세상에 보이고 싶어 했다. 절해고도에서 벗어날 수 없는 나는 그 사실을 알고는 기꺼이 그의 후원자가 되기로 했다.

나는 소치를 신관호申觀浩에게 소개시켜주었다. 신관호가 누구이던가? 일찍부터 나와 인연이 있었던 신관호는 전라우수사로 있으면서 늘 내 안부를 묻고 붓과 종이, 음식 등을 보내주었다.

물론 이 경우에도 내가 강조한 요구의 미학은 엄격하게 적용된다. 그는 물건들을 보내면서 내게 자신의 글씨를 평가해달라고 부탁했고, 아울러 내 글씨도 맹렬과 진심으로 요구했다. 그로서는 그럴 만했다. 나 또한 요구의 미학에는 요구의 미학으로 응했다.

조그마한 붓 한 자루를 보내드립니다. 이 붓의 제도가 극히 아름답고 털을 고른 것도 아주 정밀해 거꾸로 박힌 털이나 나쁜 끝이 전혀 없습니다. 이 붓을 보고 많이 만들어 쓰시되, 여유가 되신다면 제게도 약간의 붓들을 보내주시기 바랍니다.

물건과 정이 오고갔으니 앞서 옹방강과도 그랬듯 사람이 오고가지 않을 수 없는데, 이때 신관호에게 보낸 이가 바로 소치였다. 나는 소치를 불러 내가 지은 시를 주고는 이렇게 말했다.

"세상에 자네의 능력을 알아볼 만한 사람은 나 말고는 없네. 그러나 평생 내 곁에 머물러 있을 수만은 없는 법. 듣자하니 신관호 공이 우수사가 됐다고 하네. 나와는 세교가 있네. 문장의 솜씨가 높고 인품도 고상하니 자네가 찾아가서 뵙게."

신관호는 나의 기대를 저버리지 않았다. 그는 자신에게 의탁한 소치를 맹렬과 진심을 남아 아꼈다. 소치가 외출할 때마다 말까지 제공할 정도였다고 하니 그의 신뢰도를 그 하나로도 능히 짐작할 수 있겠다.

물론 이는 내가 그에게 보낸 편지 속에서 "소치의 화법은 종래 우리나라 사람들의 고루한 기습을 떨어버렸으니 압록강 동쪽에는 이만한 작품이 없을 것입니다. 그대가 아니라면 누가 그 사람을 알아주겠습니까? 그대로 인해 소치 또한 제 자리를 얻은 것입니다"라고 쓴 것이 그의 마음속에 소치가 제대로 자리 잡는 데 큰 역할을 했다는 사실을 입증한다.

그럼 나는 소치의 요구의 미학을 들어주기만 한 셈인가? 그렇지는 않다는 것을 이제는 너도 알 것이다. 그의 요구의 미학에 응한 것 자체가 실은 나의 맹렬과 진심의 요구이기도 했으므로. 요구의 미학에 밝은 소치도 그 사실을 잘 알았고, 소치를 받아들인 신관호 또한 그 사실을 잘 알았다.

신관호는 임기를 마치자 소치를 데리고 서울로 올라갔다. 그 뒤의 일은 세상에도 명약관화明若觀火하게 밝혀져 있는 만큼 너도 잘 알고 있을 것이다. 유독 서화에 관심이 많은 임금은 소치를 만나보기 원했다. 그것은 무슨 뜻일까? 소치는 소치이되, 소치가 아니었다. 소치의 뒤에는 신관호가 있었고, 초의가 있었고, 내가 있었다.

소치로서는 뜻밖의 경사였겠지만, 나로서는 전혀 뜻밖의 일이 아니었다. 어찌 보면 소치를 신관호에게 소개했을 때부터 예견했던 일 중의 하나였기 때문이다.

아무튼 소치는 어떻게 했던가? 관직도 없는 소치가 임금을 배알할 수는 없는 일. 그 난처한 상황을 해결한 것도 신관호였다. 요구의 대가다운 요령도 갖추고 있는 신관호는 활도 당길 줄 모르는 소치를 무과에 급제시키는 신기를 발휘했다.

그 방법을 자세히 묘사하는 것은 내 몫이 아니다. 임금은 무과 급제자가 되어 자신 앞에 머리를 조아린 소치에게 그림을 그리게 했고, 급기야는 내게도 종이를 내려 글씨를 써서 보내라 했다. 맹렬과 진심을 담아 요구하는 방법을 제대로 아는 소치와의 인연은 마침내 임금과도 연결되는 엄청난 결실이 되어 나타났던 것이다. 소치가 아니더라도 임금의 요구는 있었겠지만, 모든 것이 이처럼 매끄럽지는 않았을 것이란 이야기다.

그렇다면 이제 너는 어떻게 해야 하겠느냐? 나는 먼저 이렇게 말하겠다. 맹렬과 진심으로 요구를 하되, 당당히 하라. 목숨을 걸고 하라. 그래야 너의 진정성이 상대에게 전달되는 것이다. 나는 그렇게 평생을 살았다. 유배객이 된 것도 어찌 보면 그 맹렬과 진심이 시도 때도 없이 거만하게 고개를 내밀었기 때문이다.

결국 유배객이 된 나의 처지를 본받기가 너로서는 어렵고 막막하다면, 소치를 떠올려보기를 바란다. 아무것도 가진 것이 없었던 소치는 요구의 미학 하나로 임금을 만났다. 소치가 할 수 있다면 너도 할 수 있는 것이다. 천 리 길 앞에 대책 없이 서 있기는 소치도 너와 마찬가지였다.

네가 남긴 문장을 다시 한 번 생각한다. 나를 닮고 싶다는 그 문장, 그 하나의 문장만으로는 아무것도 할 수 없다. 소동파는 일찍이 "너 같은 맹렬이라면 본성 찾기는 어렵지 않네"라고 갈파했다. 그러니 답은 이미 나와 있는 셈이다.

물론 너의 어려움을 모르는 바는 아니다. 그러나 굴복하고 움츠려서야 아무것도 이룰 수 없다. 혹독한 관리의 차가운 손처럼 살아온 나는 절해고도에 홀로 떨어졌다. 그렇지만 나는 내가 살아온 지난 삶을 후회하지는 않는다. 부끄럽지 않은 삶이기 때문이다. 맹렬과 진심으로 요구하다 얻은 삶, 그러므로 일정 부분은 내가 예견하기도 했던 삶이기 때문이다. 너 또한 그러하기를 바란다.

너의 시대는 아직 오지 않았다. 나의 시련이 너의 시련으로 이어지지는 않을 것이다. 혹여 이어진다 해도 어찌 요구의 미학을 그만두고 성취를 얻을 수 있겠느냐? 그 정도의 대가는 지불해 마땅하다.

호랑이는 토끼를 잡을 때도 전력을 다하는 법이다. 하물며 너는 호랑이도 아니다. 그러니 어찌 해야 할까? 그러므로 나는 나를 닮고 싶어 하는 너에게 이렇게 쓴다.

"맹렬과 진심으로 요구하라."

뜻을 이루려면 너의 진심과 정성을 표현하라.

나는 초의가 절해고도로 오도록 하기 위해서 호소와 애걸, 저주와 협박이 담긴 편지를 썼으며, 내가 추천하는 역관을 시험에 붙여달라고 대놓고 부탁하는 청탁 편지도 과감히 썼다. 주변의 질타와 비판에도 나는 뜻을 이루기 위해서는 어떤 일이든 마다하지 않았다. 하지만 상대를 가리지 않고 고개를 조아릴 때 잊지 말아야 할 것은 나의 진심과 정성을 담아야 한다는 것이다. 너 또한 사람에게 호감을 사고, 향후 그에게서 어떤 대가를 얻을 수 있을지를 먼저 생각해 행동하기를 바란다.

모든 것은 내가 먼저 주는 데서 시작하는 법이다.

옹방강과 교류할 때, 그의 가족사에 대한 애틋한 정과 나의 높은 학식만으로 두 사람이 연결된 것만은 아니었다. 중국에서 귀국하자마자 옹방강의 글씨체를 따라 "남극수성"을 써서 그에게 선물로 보낸 후, 그에 대한 답례로 나는 더욱 진귀한 선물을 얻을 수 있었다. 이렇게 교류의 물꼬를 튼 다음 맹렬과 진심으로 그에게 글씨의 법도와 학문의 핵심, 중국 학계의 동향을 물어볼 수 있었다. 중국 소식을 전해줄 사람도 덩달아 소개받을 수 있었다. 만일 아무것도 하지 않은 채 좋은 추억으로 끝냈다면, 더 이상의 교류는 없었을 것이다. 누구를 만나든 귀한 인연을 만들고 싶다면 먼저 그에게 마음을 전하도록 하라.

자신이 요구하는 기대에 부응하기 위해 스스로 노력하라.

그림을 제대로 배우지 못했던 소치는 《오륜행실도》를 베끼며 제대로 된 문을 찾아야 함을 스스로 깨우쳤다. 여러 그림을 살펴보며 새로운 세상에 눈을 뜬 그가 자신의 신세를 한탄하기만 했다면, 아마 나도 그를 눈여겨보지 않았을 것이다. 그는 자신이 무엇을 원하는지 자연스럽게 몸으로 알고 있었다. 나의 제자가 되기 위해 부지런히 노력한 소치는 더 나은 것을 요구하고, 자신 또한 그 기대에 부응하는 법을 잘 알고 있었다. 묵묵히 자신의 길을 정진하며 노력하는 사람은 다른 사람이 먼저 알아본다는 사실을 명심하라.

목숨을 걸고 너의 진심을 정확히 전달하라.

소치는 나를 만나면서 신분에 맞지 않는 대우를 받았고, 결국 무관에 등용되어 임금을 보필하는 영예를 얻었다. 그가 죽음을 무릅쓰고 유배객인 나를 찾아올 때의 심정은 아마도 그림을 배우고 싶다는 간절함과 진심이 있었기 때문일 것이다. 어렵고 막막한 상황에서도 요구하고 싶은 열망이 있다면, 전력을 다해 당당하게 너의 진심을 말하라. 두려움 앞에서 굴복하고 움츠리면 결국 아무것도 이룰 수 없을 것이다.

제5장

나답게 살아가는 태도가
중요하다

타인의 호의에 보답할 때
나를 돌아볼 수 있다

나를 닮고 싶다고 했더냐? 그 절실한 바람을 안고 내가 적은 문장들을 맹렬과 진심으로 곱씹어 읽었느냐? 그렇다면 이미 많은 말을 한 지금, 내가 너에게 더 말하고픈 것은 〈세한도〉뿐이다. 이상적의 변하지 않는 호의에 보답하는 의미로 그린 바로 그 〈세한도〉, 도도한 서권기와 문자향으로 세상 사람들을 전율하게 만드는 바로 그 〈세한도〉 말이다.

너는 잠시 생각에 잠길 것이다. 〈세한도〉에 관한 사연은 아마 너도 귀가 닳도록 자주 들었을 것이다. 그런데 〈세한도〉에 대해 다시 말한다고 하니 그것이 무슨 뜻인지 궁금해 너도 모르게 손톱을 물어뜯었을 것이다.

그 뜻은 이러하다. 〈세한도〉는 분명 이상적의 변하지 않는 호의에 보답하는 의미로 그린 그림이다. 그 사실은 분명하다. 그러나 〈세한도〉는 이상적만을 위한 그림이 아니기도 하다. 그렇다면 이상적을 위해 그린, 혹은 그를 위해 그린 것이 아닌 〈세한도〉는 도대체 무엇이고, 무엇 때문에 그린 것인가?

우선은 가장 이해하기 쉬운 자명한 부분부터 시작하도록 하자. 〈세한도〉의 문으로 들어가기 위해서는 〈세한도〉를 그린 후 내가 썼던 그 글, 이상적에게 보내는 형식으로 되어 있는 그 글을 다시 한번 살펴보는 것부터 시작해야만 한다.

지난해엔 《만학집》과 《대운산방문고》 두 가지 책을 보내주더니, 올해에는 《황조경세문편》을 보내왔다. 이들은 모두 세상에 늘 있는 게 아니고 천만 리 먼 곳에서 구입해온 것들이다. 여러 해에 걸쳐 입수한 것으로 단번에 구할 수 있는 책들이 아니다. 게다가 세상의 풍조는 오직 권세와 이권만을 좇는데, 그 책들을 구하기 위해 이렇게 심력을 쏟았으면서도 권세가 있거나 이권이 생기는 사람에게 보내지 않고, 바다 밖의 별볼일없는 사람에게 보내면서도 마치 다른 사람들이 권세나 이권을 좇는 것처럼 했다.

사마천司馬遷은 권세나 이권 때문에 어울리게 된 사람들은 권세나 이권이 떨어지면 만나지 않게 된다고 했다. 그대 역시 세상의 이런 풍조 속의 한 사람인데 초연히 권세나 이권의 테두리를 벗어나 권세나 이권으로 나를 대하지 않았다는 말인가? 사마천의 말이 틀린 것인가?

공자께서는 "겨울이 되어서야 소나무와 잣나무가 시들지 않는다는 것을 알게 된다"고 했다. 소나무와 잣나무는 사시사철 시들지 않는다. 겨울이 되기 전에도 소나무와 잣나무이고, 겨울이 된 뒤에도 여전히 소나무와 잣나무인데, 공자께서는 특별히 겨울이 된 뒤의 상황을 들어 이야기한 것이다.

지금 그대가 나를 대하는 것은 이전이라고 해서 더 잘하지도 않았고 이후라고 해서 더 못하지도 않았다. 그러나 이전의 그대는 칭찬할 게 없었지만 이후의 그대는 성인의 칭찬을 받을 만하지 않겠는가? 성인이 특별히 칭찬한 것은 단지 시들지 않는 곧고 굳센 정절 때문만이 아니다. 겨울이 되자 마음속에 느낀 바가 있어서 그런 것이다.

어려울 것도 없는 직설적인 문장들의 연속으로 이루어진 글이다. 긴 글의 핵심은 여름날의 햇살처럼 솔직하고 명확하다. 이상적은 세속의 변덕스러운 인정과는 달리 나를 절해고도의 유배객으로 대하지 않았다는 뜻이다. 그의 태도는 오래전 그 날, 그러니까 아침 까치 소리에 이끌려 나를 찾아왔다는 그 날, 실은 아비를 무기력하게 유배지로 보낸 나를 위로하러 왔던 그 날과 하나 다르지 않았다.

나는 눈물 나도록 고마운 그에게 고마움을 표하고 싶었다. 그래서 〈세한도〉를 그렸다.

나는 〈세한도〉를 통해 절해고도에 홀로 남은 이의 쓸쓸함, 그럼에도 피하기는커녕 반가운 손님을 부르는 까치 대하듯 하는 이상적의 따뜻함이라는 모순 아닌 모순을 그림 한 장에 담아 세상에 드러내려 했다. 그러나 앞서도 말했듯 〈세한도〉라는 그림에 담긴 사연은 실은 그것 하나만이 아니다.

나는 이상적에게 〈세한도〉를 그려주었지만 실은 이상적에게 〈세한도〉를 그려준 것이 아니다. 무슨 말인가? 나는 이상적에게 〈세한도〉를 그려주었지만 그 그림은 결국 나의 〈세한도〉라는 뜻이다.

이제 알겠느냐, 내가 하려는 말을? 그러므로 나는 너에게 보내는 첫 문장을 이렇게 쓴다.

"너의 〈세한도〉를 남겨라."

고통 속에서도
온화함을 잃지 마라

이상적을 말했으니 이제 나는 너에게 〈동파입극도東坡笠屐圖〉를 극말하려 한다. 〈세한도〉를 말하면서 왜 하필 소동파이냐고 물을 수 있겠다. 답은 명확하다. 이상적과의 사연이 〈세한도〉로 들어가기 위해 활짝 열려 있는 문이라면, 〈동파입극도〉는 〈세한도〉라는 미궁으로 들어가기 위한 비밀 통로의 열쇠이기 때문이다.

삿갓 쓰고 나막신을 신은 소동파를 그린 〈동파입극도〉는 너에게도 무척 익숙한 그림일 수밖에 없다. 왜 그런가? 나는 귤중옥에 소치가 그린 〈동파입극도〉와 〈해천일립도海天一笠圖〉를 나란히 걸어놓았다. 〈동파입극도〉는 소동파를 그린 것이고, 〈해천일립도〉는 나를 그린 것이다.

두 그림을 나란히 걸어놓은 이유를 너는 쉽사리 짐작했으리라 믿는다. 그렇다. 네 생각이 맞다. 나는 두 그림을 나란히 걸어놓음으로써 "내가 곧 소동파다"라고 맹렬과 진심을 담아 세상에 선언한 것이다.

너도 알다시피 소동파는 정적의 모함을 받아 말년을 유배지에서 보냈다. 유배지의 풍경이란 예나 지금이나, 조선이나 중국이나 비슷하다. 그 또한 달팽이집 같은 허름한 집을 짓고 살았다. 햇빛을 먹고 살았다고 스스로 고백할 정도로 궁핍하고 비참한 시절을 보냈다. 그럼에도 소동파는 역시 소동파여서 그 궁핍과 비참을 마음 밖으로 쉽사리 드러내지 않았다.

마치 즐거운 일이라도 있는 것처럼 콧노래를 부르며 길을 걷는 그를 보고 시골 노파는 그에게 닥친 현실과 그가 하는 행동의 불일치가 가져온 이유 모를 섬뜩함에 몸을 떨며 이렇게 울부짖기도 했다.

"조정에서 큰 벼슬을 지내시던 나날이 이제는 일장춘몽一場春夢 꿈만 같으시겠습니다."

소동파는 어찌했던가? 그는 큰 소리로 웃고는 그 이후로 노파를 춘몽파라 불렀다. 그런 그가 갑작스러운 비를 만났을 때 어떻게 했는가? 소동파는 이웃 농부에게서 삿갓과 나막신을 빌린 후 진창길을 철벅이면서 걸어다녔다.

그 광경은 사람들에게 많은 생각을 하게 만들었다. 소동파의 속내는 어땠는지 몰라도 분명 그것은 쓸쓸한 영락이었다. 유력한 정객과 진창길은 분명 어울리지 않았다. 그러나 그것은 영락이 아니기도 했다. 소동파는 진창길을 걸으면서도 하나도 괴로워하지 않았으므로. 마치 날 때부터 진창길에 머물렀던 이처럼 그 낯선 환경에 잘 녹아들어갔으므로.

중국의 지식인들은 그런 소동파의 비참하면서도 꿋꿋한 기상을 〈동파입극도〉라는 빼어난 그림으로 표현했다. 지조 있는 선비의 영락은 내일 닥칠 일을 모르는 그들에게 결코 남의 일이 아니었다. 그럼에도 분노와 슬픔에 빠져 있기는커녕 유유자적 비를 맞으며 진창길을 걸어가는 소동파의 모습은 지식인들에게 분명한 삶의 지침이 되었다.

그러나 소동파에 대한 일반적이고 관념적인 지식만으로 〈동파입극도〉와 〈해천일립도〉를 나란히 걸어놓았다고 결론을 내리는 것은 송 철학에 대한 지식 정도로 고증학자인 옹방강을 재단하는 것만큼 위험한 일이다. 과장해서 말하자면 나와 소동파의 인연은 단순한 지식과 일반적인 관념을 넘어 탯줄처럼 긴밀하게 이어져 있다. 그 긴밀한 탯줄과 같은 소동파와 나의 인연은 유배를 오기 훨씬 이전으로 거슬러 올라가는데, 그 인연의 중심에는 바로 나의 스승인 옹방강이 있다.

옹방강의 서재 이름이 보소재라는 것은 앞서 이미 말했다. 왼쪽

뒷목에 혹이 난 것도 소동파와 똑같았던 까닭에 옹방강은 자신을 소동파의 화신으로 여겼다는 사실도 이미 말했다. 그의 말이 아니더라도 보소재는 온통 소동파로 가득 찼다. 여러 종류의 소동파 초상이 있는 것은 물론이었고, 소동파가 아꼈던 설랑석을 뛰어난 화가 나빙羅聘에게 부탁해 얻은 〈설랑석도雪浪石圖〉, 소동파가 직접 쓴 《천제오운첩天際烏雲帖》도 있었다.

그 기이한 풍경에 대해서는 아마도 이렇게 말해야 하리라. 보소재는 옹방강의 서재이기도 했지만 소동파의 넋이 머무는 사당이기도 했다. 살아 있는 옹방강과 죽은 소동파가 기막히게 어우러져 함께 기거하고 있는 보소재의 모습은 수십 년이 지났어도 좀처럼 내 머릿속에서 지워지지 않았다. 나는 글씨를 쓰다가도 문득 보소재를 떠올렸고, 그림을 그리다가도 문득 보소재를 떠올렸고, 벗들과 자리를 하다가도 문득 보소재를 떠올렸다. 그때만 해도 언젠가 한 번 그곳에 다시 가보리라는 희망이 있었다. 그 희망은 동지부사로 임명되면서 부풀 대로 부풀었다.

그러나 희망은 한순간에 사라졌다. 갑작스럽게 닥친 절해고도로의 유배가 모든 것을 바꾸어놓았다. 이제 살아서 내 두 눈으로 보소재를 볼 수 없으리라는 사실은 아침에 해가 뜨고 저녁에 해가 지는 것처럼 명확했다.

그렇다고 절망하고 싶지는 않았다. 깊은 절망은 대개의 경우 나와 어울리지 않는다. 맹렬과 진심으로 바란다면 분명 방법은 있을 것이었다.

보소재를 갈 수 없다면, 보소재를 재현하고 싶었다. 내가 머무는 곳인 귤중옥을 보소재로 만들고 싶었다. 너도 한 번 생각해보기를 바란다. 귤중옥을 보소재로 만들려면 무엇이 필요하겠는가? 유배객 신세에 보소재에 있던 귀중한 문물과 전적들을 갖출 수 있겠는가? 그 문물과 전적을 놓아둘 넓고 넓은 공간을 가질 수 있겠는가? 그렇다면 귤중옥을 보소재로 만드는 것은 불가능할까?

그럴 수도 없고, 그럴 필요도 없었다. 귤중옥을 보소재로 만들기 위해 필요한 것은 귀중한 문물과 전적들이 아니었다. 넓은 공간도 아니었다. 오직 하나, 〈동파입극도〉만 있으면 되었다. 그 절묘한 그림 하나로 귤중옥은 보소재가 되고, 귤중옥을 보소재로 바꾸어버린 나는 옹방강과 소동파를 함께 모시게 되는 것이다.

나는 절해고도를 찾아온 소치에게 이러한 여러 의미가 담겨 있는 〈동파입극도〉를 그려 달라고 맹렬과 진심을 담아 요구했다. 소치에게 이는 별로 어려운 일도 아니었다. 그런데 소치는 내가 그려 달라고 했던 〈동파입극도〉를 그리고도 붓을 놓지 않았다. 그렇게 해서 탄생한 것이 바로 〈해천일립도〉였다.

처음에는 당혹스러웠다. 소치는 도대체 왜 나를 그린 것인가? 어찌 내가 스승이 사모하던 소동파, 뭇 선비가 닮기 원하는 소동파에 비견될 수 있겠는가? 목에 혹도 없는 내가 그와 닮은 것이라고는 절해고도로 떨어진 유배객 신세라는 것밖에는 없다. 자부심 강한 나이지만, 문장도, 그림도, 글씨도 그에게 못 미친다는 것을 알 정도의 학식과 안목은 갖추었다.

소치가 그린 내 얼굴도 낯설었다. 너도 알다시피 백 번을 양보한다고 해도 나는 결코 온화한 사람은 아니다. 그보다는 혹독한 관리의 차가운 손을 생각하며 살아가는 사람이다. 붓 한 자루, 먹 하나도 가려 쓰고, 아랫목이 그립거든 문부터 찾아 열라는 엄포를 입에 달고 다니는 사람이며, 가까운 이들끼리 당연히 주고받는 일상적인 관습도 맹렬과 진심을 담은 까다로운 미학으로 변화시켜 살아온 사람이다. 그런데 소치는 어떤 까닭인지 나를 세상에 둘도 없이 여유롭고 달관한 사람으로 그려놓았다. 아무리 좋게 보려고 해도 그건 내가 아니었다.

소치를 나무라려다가 그가 괜한 일을 벌였을 리 없다는 데 생각이 미쳐서 〈해천일립도〉를 마지막으로 한 번 더 바라보았다. 그제야 나쁠 것은 없겠다는 생각이 들었다. 아니, 그 이상이었다. 나는 내 마음을 정확히 읽은 소치의 능력에 새삼 놀랐다.

무슨 소리인가? 내 스승 옹방강은 소동파를 추앙했다. 나는 소동파와 옹방강을 추앙했다. 그러므로 소치는 사람들에게 보이는 내가 아니라 소동파와 옹방강을 추앙하는 내 간절하고 그리운 마음, 그들처럼 살고픈 마음을 그림으로 옮긴 것이었다. 즉, 〈해천일립도〉는 바로 내가 옹방강과 소동파를 추앙하며, 그들처럼 굳세면서도 유유자적하게 한 시대를 살아가기 바란다는 결연한 의지가 담겨 있는 그림으로 해석할 수 있었다.

나는 소치를 보며 웃었고, 소치는 내 웃음의 의미를 모르겠다는 듯 부러 그 큰 눈만 껌뻑였다.

나는 그 그림들을 어떻게 했나? 한쪽 벽에는 〈동파입극도〉를, 다른 벽에는 〈해천일립도〉를 걸었다. 가슴에서 뜨거운 기운이 올라왔다. 그 기운을 누르고 한참을 더 바라본 뒤 시 한 수를 지었다.

원우元祐의 죄인 신세 되어 혜주惠州의 귀양 밥을 실컷 먹고
입극笠屐의 바람비에 귀양살이 땅임을 아예 잊었다.

앞서 나는 두 그림을 함께 걸어 놓음으로써 내가 곧 소동파라고 선언하고 있는 것이라 했다. 아니, 다시 써야겠다. 나는 두 그림을 함께 걸어 놓음으로써 내가 곧 옹방강이고 소동파라고 선언하고 있는 것이다. 그러나 내가 곧 옹방강이고 소동파라고 소리 높여 외치고 있는 것은 이 두 그림뿐만이 아니다. 이 지점에서 〈세한도〉가 다시 등장해야만 한다.

그 사연은 이렇다. 내가 예전에 보소재에서 본 것 중에는 소동파

가 쓴 〈언송도偃松圖〉의 찬문撰文도 있었다. 지금은 전하지 않는 그림이 된 〈언송도〉에 담긴 사연은 분명 너도 들어본 적이 있을 것이다. 소동파가 혜주로 유배되었을 때, 그의 아들이 그 먼 남쪽 땅까지 아비를 보러 왔다. 그 아들을 위해 소나무를 그렸으니 그것이 곧 〈언송도〉다.

그런데 그 사실을 있는 그대로 받아들이고 감격하기에는 그림이 조금 이상했다. 남쪽 땅 혜주의 소나무는 온통 푸르렀지만, 그림 속 소나무는 눈서리 속에서 생명력을 발휘하는 한 겨울의 소나무였다. 왜 그런 소나무를 그렸는지는 찬문을 보면 알 수 있다.

눈서리에 굽힘 없는 푸른 소나무
자라지 않을 수 없을 테지만
이렇게 웅장하게 자라나다니
분명 북쪽의 정령이라네.
창창한 껍질 옥 같은 골격
우뚝 솟은 그 모습으로 참으로 멋져
새 봄이 온 것도 알지 못하고
추위 속 멋진 모습 뽐내고 있네.
어린 아들 절개 군세기도 해
나를 따라 이 시골에 찾아왔으니

서리 속의 영령함은

　나의 고통 씻어주네.

　사철 따뜻한 혜주에 눈서리로 덮인 소나무가 존재할 리 없다. 그
렇다면 답은 하나다. 소동파는 눈에 보이는 소나무가 아니라 마음속
의 소나무를 그렸다. 이는 바로 그가 "대나무를 그릴 때에는 반드시
먼저 마음속에 대나무를 완성하고 나서 붓을 들고 자세히 바라보아
야 그리고자 하는 것이 보일 것이다"라고 말한 바와 같은 의미. 따
뜻한 곳에 있으면서도 마음은 한겨울인 소동파에게 머나먼 곳까지
찾아와준 아들의 존재는 크나큰 위안이 되었다. 그리하여 그 아들의
절개를 찬양하는 그림을 그리기에 이른 것이다.

　그러나 과연 그러할까? 그 소나무가 소동파 아들의 절개를 찬양
하는 소나무이기만 할까?

　짐작했겠지만 나는 그렇게 생각하지 않는다. 소나무는 기실 소동
파 자신이기도 하다. 옹방강 또한 나와 같은 결론에 이르렀음이 분명
하다. 소동파의 사라진 〈언송도〉를 그리워하며 다음과 같은 시를 남
긴 것을 보면 말이다.

　고목이 된 소나무는

　비스듬히 나뭇가지 드리우고

집에 기대어 있네.

과연 소나무는 비스듬히 나뭇가지를 드리웠을까? 나뭇가지를 드리운 것도 모자라 집에 기대어 있었을까? 나는 잠시 그렇다고 말하겠다. 내가 본 적도 없는 실제 〈언송도〉가 그랬다는 것은 아니다. 옹방강의 마음속에서는 분명 그랬다는 뜻이다. 그러므로 그것은 〈언송도〉가 없어진 이상 실제나 마찬가지다.

그 뒤로 언송도의 찬문과 옹방강의 시는 내 머릿속에서 떠난 적이 없었다. 벗들과의 모임에서 구부러진 소나무를 본 내가 '세한'이라는 단어를 끄집어낸 것은 그런 의미에서 무척 자연스러운 귀결이었다.

세한의 그 뜻을 힘써 노력한다면
수많은 재물보다 훨씬 나을 것이니.

이제 너는 내가 하려는 말을 이해했을 것이다. 외로우면서도 따뜻한 〈세한도〉는 결코 홀로 존재한 적이 없다는 사실을. 〈세한도〉는 이상적에게 그려주기 전부터 내 가슴속에 있었고, 그 〈세한도〉는 옹방강, 소동파와 함께 하고 있었음을. 사람으로 치자면 소동파에게서 옹방강으로, 다시 옹방강에서 나로 이어졌다. 그림으로 치자면, 〈동파입극도〉에서 〈해천일립도〉로, 〈해천일립도〉에서 다시 〈세한도〉로 이어졌다. 그러므로 나는 내가 곧 소동파요, 옹방강이라 선언했고, 〈세한도〉는 이상적에게 그려준 그림이지만 그저 이상적에게 그려준 그림만은 아니라고 말했던 것이다.

변함없이 한결 같은
우정이 너를 구한다

그렇다면 또 다른 의문이 생겨나야 마땅하다. 〈세한도〉에는 이상적과 소동파와 옹방강만 있나? 그렇지 않다는 사실을 이제 너는 짐작했을 것이다. 그렇다. 보이는 〈세한도〉에는 집과 나무뿐이지만, 보이지 않는 〈세한도〉 혹은 다르게 보아야 보이는 〈세한도〉에는 그들 말고도 아직 더 많은 이들이 있다.

그들을 떠올리며 가장 먼저 말하고픈 이는 여태까지 미뤄두었던 내 아내다. 나는 절해고도에 머물면서 여러 사람을 다른 세상으로 떠나보냈다. 그 중에는 내 아내도 있다. 나는 아내에게 써서는 안 되는 편지를 썼다. 아내가 죽은 다음 날 아내에게 보내는 편지를 쓴 것이다.

편찮은 몸은 어떻습니까? 벌써 석 달이 넘어 원기가 쇠해 있을 것을 생각하니 걱정이 됩니다. 먹는 것은 어떻고 자는 것은 어떻습니까? 약은 좀 먹었습니까? 자리보전하고 드러누운 것은 아니겠지요? 염려가 앞을 가려 가만히 있기가 참 힘듭니다.

문자 그대로 이 편지는 죽은 아내에게 보낸 편지가 되고 말았다. 편지를 쓰기 전날에 아내가 죽었기 때문이다. 절해고도에 유배되어 있는 나로서는 그 사실을 알 수가 없었다. 그래서 다시 편지를 써서 보냈다. 한 달 뒤에야 나는 소식을 전해 들었다. 아내의 답장이 아니라 아내의 부고였다.

그 소식 아닌 소식을 들었을 때 가장 먼저 생각난 건 역시 죽은 아내에게 보낸 편지들이었다. 부끄러웠다. 아내의 병세가 얼마나 심각했는지도 모르고 잔소리꾼 남편처럼 이 소리 저 소리해댄 것이 부끄러웠다. 원통했다. 절해고도에, 가시울타리 속에 갇힌 죄인의 처지가 그때보다 아프게 느껴졌던 적은 없었다. 아내의 부음을 듣고도 여전히 절해고도를 떠날 수 없는 나는 그 심정을 담은 부끄럽고 원통한 제문을 지어 집으로 보냈다.

예전에 나는 장난삼아 이렇게 말했습니다. "부인보다는 내가 먼저 죽는 게 낫지 않겠소?" 부인은 내 말을 듣자마자 놀라서는 귀를 막더니 멀리 달아나버렸습니다. 내 말은 세상 부인들이 꺼리는 말이지만, 실상은 그저 농담만은 아니었습니다. 지금 끝내 부인이 먼저 죽고 말았으니 나는 뭐가 유쾌하고 만족스러워 두 눈을 빤히 뜨고 살 것입니까? 아, 나의 한은 끝이 없습니다.

제문으로도 부끄럽고 원통한 마음은 쉽게 사라지지 않았다. 아내에게 죄인이 된 까닭에 고개도 못 들고 가시울타리 안을 맴돌던 나는 아직 못다 한 문장이 내 가슴속에 많이 남아 있음을 깨달았다. 그래서 붓을 잡고 그 문장들을 꺼내 단숨에 시를 써내려갔다.

어떻게든 월하노인 저승 법정 세워놓고
내세에는 남편 아내 처지 바꿔 태어난 뒤
나 죽고 천 리 밖에 그대 혼자 남게 하여
나의 이 슬픈 심정 그대도 알게 하리.

홀로 남은 부끄러움과 고통을 이보다 잘 표현할 수는 없으리라는 생각이 들었다. 절절한 감정이 흔하지 않은 구절들을 속속들이 제대로 뽑아냈다. 읽는 이들도 나와 같은 느낌을 받았나보다. 몇몇 이들이 내게 이 시에 대해 무척이나 인상 깊었다고 언급한 것을 보면.

그러나 대놓고 비판하는 이들도 꽤 있었다는 사실을 너는 잘 기억할 것이다. 비판의 요지는 단순명료했다. 죽은 이를 추모하지는 못할 망정 원망하는 기운이 느껴진다는 것이었다. 그들은 내가 쓴 제문도 비판했다. 다른 이도 아닌 사대부가 여인네보다 먼저 죽겠다는 말을 그토록 쉽게 꺼냈다는 것 자체가 문제라는 것이었다.

내가 여기에 대해 응대를 했던가? 그렇지 않다. 응대할 필요가 없었기 때문이다. 사실 그들은 나에 대해 반대하는 자들이었다. 내가 어떤 제문과 시를 썼더라도 결과는 달라지지 않았을 것이었다. 나의 형도 가만히 있지는 않았다. 불같은 성격과는 거리가 먼 그는 내게 편지를 보내 넌지시 충고를 하기도 했다. 사대부답게 조금 더 점잖고 부드러운 표현을 썼으면 더 좋았을 것이라고 말이다. 물론 나는 형에 대해서도 이렇다 저렇다 토를 달지 않았다. 형에 대한 예우였다.

말은 안 해도 너도 몹시 궁금하게 여겼으리라 믿는다. 왜 내가 죽은 아내를 추모하며 내가 먼저 죽었더라면 좋았을 것이라는 후회가 가득한 표현, 그리고 내세에는 남편과 아내의 처지를 바꿔 태어나자는 원망 가득한 표현을 썼는지 말이다.

그 이유는 단 하나였다. 허벅지의 늙은 고양이가 그렇게 말했기 때문이었다. 내 가슴속의 무엇인가가 그렇게 말하라고 등을 떠밀었기 때문이었다. 그것은 나의 맹렬한 진심이었다. 나는 아내에게 부끄럽고, 미안했다. 후회가 밀려왔고, 원망이 솟구쳤다. 그것들을 그냥 흘러가게 놓아두고 싶지 않았다. 아무렇지 않은 척 고개 숙이고 지내고 싶지 않았다. 그것들이 내 마음속에서 나와 강물처럼 진창길을 마구 흐르고 있음을 알리고 싶었다. 읽을 수 없는 죽은 아내에게도, 읽을 수 있는 산 사람들에게도 알리고 싶었다.

왜 그랬냐고? 그게 바로 나이기 때문이다. 내 처지를 이해하는 이들도, 나를 비난하는 이들도 내가 아내를 어찌 생각했는지는 모른다. 그렇기에 그들은 〈세한도〉에서 아내를 볼 수 없는 것이다. 그러므로 나는 이렇게 말해야 하리라. 내 아내는 〈세한도〉 안에 있지만 〈세한도〉 안에 있지 않기도 하다.

아내를 말했으니 김유근을 말해야 한다. 묵소거사 김유근은 내가 절해고도로 유배오던 바로 그 해 겨울 세상을 떠났다. 나는 그 다음 해에야 그 사실을 알았다. 나는 김유근이 석교를 나눈 지우로 꼽았던 또 다른 벗 권돈인에게 편지를 썼다.

황산은 어찌된 일입니까? 그가 정말 우리를 버리고 아무런 말도 없이 가버렸단 말입니까? 이 몸을 백 번 꺾고 천 번 갈아도 한 오라기 목숨을 이어온 것은 이 사람이 있었기 때문이었습니다. 이 사람이 이미 죽었으니 제 목숨은 앞으로 어찌해야 합니까? 영원히 없어지지 않을 큰 은혜를 갚을 길도 없고, 천고에 처음 있는 기막힌 억울함을 하소연할 곳도 없게 되었습니다.

겉보기엔 그저 벗을 잃은 지극한 슬픔을 또 다른 벗에게 하소연한 편지라 할 수 있겠다. 그러나 이 편지에 담긴 것은 하소연만은 아니었다. 무슨 소리냐고? 편지는 다음과 같이 이어진다.

이 사람의 개인적인 슬픔이야 끝이 있겠지만, 이상한 것은 그 사람이 양자를 정한 뒤로 왕래가 끊긴 것입니다. 귀신이 농간을 부린 듯이, 하늘이 조화를 부린 듯이 공교롭게도 모든 일이 어긋나고 나서야 그쳤습니다. 결국 이 지경에 이르고 말았으니 도대체 무슨 까닭인가요?

우리의 교우를 석교라 칭했던 김유근은 그 말이 무색하게 내가 절해고도로 유배 오기 얼마 전부터 나와 연락을 하지 않았다. 전에 없던 기이한 일이었다. 그는 말을 못 하게 된 이후에도 돌처럼 변함없는 우정을 보였다. 병석에서의 깨달음을 담은 "묵소거사자찬默笑居士自讚"을 내게 보여준 것이 그 좋은 예다. 나는 그 우정에 '묵소거사자찬'을 글씨로 써주는 것으로 보답했다. 〈묵소거사자찬〉만 주었나? 그렇지 않다. 유배 오기 전 해에 나는 초의가 그린 관음상을 그에게 주었고, 드물게 큰 기쁨을 표한 그는 초의에게서 직접 찬사를 받아 함께 소장하려 했다.

그런 그가 갑작스럽게 연락을 끊은 것이다. 그를 만나 어찌된 까

닭인지 알아내고 싶었지만, 그 이후 닥친 횡액 때문에 끝내 기회를
잃고 말았다. 궁지에 몰린 내가 생각할 수 있는 것은 단 하나, 김유
근이 연락을 끊은 그 시점이 그가 양자를 새로 들인 시점과 일치한
다는 것뿐이었다. 그러나 김유근은 죽었다. 내 짐작은 이제 영원히
짐작으로만 남을 터였다.

일찍이 그는 내게 그의 장기인 괴석을 그려주면서 이렇게 썼다.

"귀한 바는 신운이 빼어남이니 어찌 겉만 닮게 그리겠습니까?"

나는 김유근의 죽음, 그리고 전혀 예상하지 못한 시점에 끊어진
그와의 교우를 생각하며 그가 썼던 그 말을 생각하고 또 생각했다.
그 말은 그림뿐 아니라 그와 나의 관계에도 똑같이 적용된다. 정파
도 다르고 교류도 없어진 것이 보이는 그림을 구성했다면, 돌과 같이
단단한 교우, 서로에 대한 말없는 믿음은 보이지 않는 그림을 구성했
다. 그 믿음은 내 처지에 따라 흔들렸다 단단해졌다를 반복했다. 늘
은 고양이처럼 내 몸 속에 잠복해 있던 그 믿음은 마침내 〈세한도〉
를 통해 세상에 나오게 된 것이다.

물론 〈세한도〉에서 그를 볼 수는 없다. 그가 그린 돌 그림도 없고,
우정의 흔적도 없다. 그럼에도 〈세한도〉에는 분명 그의 흔적이 차고
넘친다.

소나무와 잣나무처럼 꿋꿋한 기개를 닮아라

그렇다면 〈세한도〉에는 이상적과 소동파와 옹방강과 아내와 김유근만 있나? 그렇지 않다. 〈세한도〉에는 더 많은 이들이 있다. 그 사람들을 설명하기 위해서는 〈세한도〉를 받은 이상적이 내게 보내온 편지를 먼저 인용해야 한다.

〈세한도〉 한 폭을 엎드려 읽으려니 저도 모르게 눈물이 흘러내립니다. 어찌 이렇게 분에 넘친 칭찬을 하셨으며 감개가 절절하셨단 말입니까? 아, 제가 어떤 사람이기에 권세나 이권을 좇지 않고 스스로 초연히 세상의 풍조에서 벗어났겠습니까? 다만 보잘것없는 제 마음이 스스로 그만둘 수 없어 그런 것입니다. 더욱이 이런 책은 마치 문신을 새긴 야만인이 선비들의 장보관을 쓴 것과 같아서 변덕이 죽 끓듯 하는 정치판에 있는 사람들에게는 적합하지 않으므로 저절로 청량 세계에 있는 사람에게 돌아가게 마련입니다. 어찌 다른 의도가 있겠습니까?

이번에 이 그림을 가지고 연경에 들어가서 장황裝潢을 한 다음 친구들에게 구경을 시키고 제영題詠을 부탁할까 합니다.

이미 새로울 것 없는 이상적의 벅찬 감격을 너에게 전하려 이 편지를 소개한 것이 아니다. 미사여구를 제외한 이 편지의 핵심은 뜻밖에도 무심해보이는 마지막 문장에 있다.

이쯤 되면 너도 내가 하려는 말을 짐작했으리라 믿는다. 그렇다. 〈세한도〉에는 중국인 벗들이 있다. 어찌 그들이 함께 하게 되었을까? 그 비밀은 이러하다.

사실 나는 이상적이 연경에 간다는 사실을 〈세한도〉를 그리기 전부터 알고 있었다. 그 순간부터 이상적의 손에 어떤 그림을 안겨 보낼까 고민했다.

제일 먼저 〈언송도〉가 떠올랐다. 소동파가 아들에게 그려준 소나무를 나는 이상적에게 그려주고 싶었다. 소나무가 아들이자 소동파 자신을 상징했듯, 이상적의 미담을 강조하면서 어려운 상황에서도 꿋꿋하게 버티고 있는 나의 처지를 함께 보여주는 그림을 그리고 싶었다. 그러려면 이리저리 뒤틀린 소나무여야 했다. 그래야만 어려움과 버팀의 미학이 구현될 테니. 잣나무도 함께 그려 넣어야 했다. 그래야만 공자가 말한 세한의 의미가 구현될 테니. 먹을 금처럼 아낀 갈필이어야 했다. 그래야만 앙상한 긴장감이 살아날 테니. 집을 그리되 사람은 그리지 말아야 했다. 그래야만 쓸쓸함이 배가될 테니. 그림을 그린 그 붓으로 글을 써야 했다. 그래야만 그림이 글이 되고 글이 그림이 될 테니. 글을 쓰되 줄을 친 후에야 써야 했다. 그래야만 눈도 침침한 노인네가 글자의 간격을 맞추기 위해 힘들게 줄을 치고 썼다는 것을 알게 될 테니.

내 의도는 적중했다. 이상적을 만나기 위해 모인 중국인들이 〈세한도〉를 보고 다음과 같은 시들을 남긴 것을 보면 말이다.

높은 의리 돈독하기는 언제나 같고
겨울에도 그 맹세는 변함이 없네.
소나무와 잣나무를 닮아서인지
타고난 성품마저 곧고 단단해.
시들지 않는 바탕 그림 그려서
두터운 그 우정에 보답하였네.

저 나무는 기특한 절개가 높고

이 사람은 올곧은 절개 품었네.
그 신세 그리움 속 맡겨두고서
이렇게 한겨울의 모습 그렸네.

그렇다면 〈세한도〉에는 이상적, 소동파, 옹방강, 나의 아내, 김유
근, 중국인 벗들만 있나? 그렇지 않다. 권돈인도 있다. 권돈인이 〈세
한도〉라는 제목의 그림을 그린 것은 너도 잘 알 것이다. 이상적이 보
여준 나의 〈세한도〉를 보고 그가 그린 그림이다. 그는 송백을 송죽매
로 바꾸어 그리고, 차갑고 황량한 풍경을 그를 닮은 온화하고 운치
있는 공간으로 바꾸어 그렸다. 이는 권돈인이 나의 〈세한도〉에서 자
신의 모습을 제대로 보았음을 증명한다. 소치 또한 나의 〈세한도〉를
보고 그림을 그렸다. 그 또한 나의 〈세한도〉에서 자신의 모습을 제대
로 보았음은 "완당의 필의를 본받았다"라는 문장을 통해 확실히 알
수 있다.

그렇다면 〈세한도〉에는 이상적, 소동파, 옹방강, 나의 아내, 김유
근, 중국인 벗들, 권돈인, 소치만 있나? 그렇지 않다. 〈세한도〉에는
초의도 있고, 내 아우도 있고, 내 형도 있고, 절해고도의 벗들도 있
고, 심지어는 늙은 고양이와 수선화도 있다. 그리고 빼놓을 수 없는
또 한 사람인 너, 이제 막 천 리 길을 시작하는 너도 있다.

단색의 〈세한도〉에 선명하게 찍혀 있는 붉은 "장무상망長毋相忘"인을

너는 알 것이다. 장무상망은 오래도록 서로 잊지 말자는 뜻이다. 내가 왜 그 인장을 찍었겠느냐? 〈세한도〉에 있는 그 많은 이들을, 존재들을 영원히 잊지 않겠다고 스스로 다짐한 것이다. 그 사람들과 존재들과 함께 절해고도에서의 유배를 꿋꿋이 견뎌나아가겠다는 뜻이다.

이제 너는 알 것이다. 〈세한도〉에 내가 왜 사람도 없는 빈 집을 그렸는지를. 아직도 그 집이 텅 비어 보이느냐? 그렇다면 제대로 본 것이다. 내가 아는 존재들로 집은 텅 비었다. 그러나 그 빈 집은 그냥 빈 집은 아니다. 비어 있으되, 비어 있지 않은 집. 아무도 없으되, 실은 사람들과 존재들로 가득한 그림. 그것이 바로 내가 그린 나의 〈세한도〉다. 그러므로 이제 나를 닮기 원하는 너에게 내가 하고픈 말은 이것이다.

"나를 닮고 싶으냐? 아마 너는 그럴 수 없을 것이다."

이제 와서 도대체 무슨 이야기냐고? 나를 닮으려는 너를 위한 문장들을 늘어놓다가 지금에 이른 나는 너에게 이렇게 쓸 수밖에 없다. 왜 그런 것일까? 답은 늘 그렇듯 간단하다. 너는 너이지 내가 아니기 때문이다. 너는 너여야지 내가 되면 안 되기 때문이다. 너는 너여야만 너의 길을 갈 수 있기 때문이다.

일찍이 소동파는 장문잠張文潛에게 보내는 편지에서 왕안석王安石을 이렇게 비판했다.

문장이 오늘날처럼 침체된 적은 없습니다. 그 근원은 왕안석에게서 나온 것입니다. 왕 씨의 문장이 꼭 좋지 않은 것은 아니지만, 그의 병통은 다른 사람들도 자기와 똑같아야 한다는 데 있습니다. 성인인 공자도 모든 사람을 똑같게 할 수는 없었으니, 어진 안연이나 용맹한 자로를 서로 닮게 할 수는 없었습니다. 그런데도 왕 씨는 자기가 배운 것으로 천하 사람들을 똑같게 하려고 합니다. 비옥한 땅은 만물을 똑같이 자라게 하지만, 그곳에서 자라는 종류가 똑같지는 않습니다. 오직 황폐하고 척박한 땅에서는 떠풀이나 갈대만이 보입니다. 이것이 바로 왕 씨의 '똑같게 함'입니다.

그 맥락까지 설명할 수는 없지만 '똑같게 함'에 대한 소동파의 식견을 눈여겨보아야 한다. 글만 그러한가? 그림도 마찬가지다. 붓을 든 사람들은 모두들 예찬이나 황공망이 되려고 한다. 그러면서 한다는 짓이 그저 건필乾筆과 검묵儉黙으로 억지로 황량하고 간솔한 분위기를 만들어내려고 한다. 그렇게 한다고 예찬이나 황공망이 될 수가 있나? 그렇게 될 수는 없다. 단지 자신을 속이고 남을 속이는 짓이다.

너는 내가 되려 한다. 나를 닮으려 한다. 그래서 너는 내 글씨를 흉내 내고 내 그림을 따라 그리는 것이다. 이는 자신을 속이고 남을 속이는 짓이다. 나는 그렇게 살지 않았다. 나는 박제가와 옹방강과 완원에게 배웠지만 그들이 아닌 내가 되었다. 그러므로 네가 나를 닮은 삶을 살기를 조금도 원하지 않는다.

나를 닮고 싶다는 너의 문장을 진심으로 이해한다. 그 열망과 좌절을 누구보다도 이해한다. 나는 너를 온전히 이해한다. 그러므로 나는 너에게 나를 닮아서는 안 된다고 말하는 것이다. 그냥 말하는 것도 아니고 목소리 높여 말하는 것이다. 그러므로 끝내 네가 그 목소리를 듣지 못할까봐 너에게 이렇게 쓰는 것이다.

"너의 〈세한도〉를 남겨라."

자신만의 무언가를 남길 수 있는 방법

좋은 그림 속에는 반드시 사람이 있다.

〈세한도〉는 이상적에게 그려주기 전부터 내 가슴속에 있었다. 절해고도에 남은 이의 쓸쓸함, 그럼에도 나를 피하지 않고 반갑게 찾아오는 이상적에 대한 고마움을 모순적으로 표현했다. 또한 이 작품 속에는 내가 존경하고 추앙한 옹방강, 소동파도 함께 들어 있다. 그들의 절개를 소나무에 빗대어 표현했다. 아무것도 없는 듯 차갑기만 한 〈세한도〉는 결국 혹독한 삶에서 나를 살게 해준 사람들에게 내 마음을 간접적으로 표현한 것이다.

맹렬한 진심을 표현하는 일을 부끄러워하지 마라.

아내가 먼저 세상을 떠나고 나는 "내가 먼저 죽었더라면 좋았을 것"이라는 후회 가득한 표현, 그리고 "내세에는 남편 아내 처지 바꿔 태어나자"는 원망 가득한 표현을 썼다. 내 가슴속의 무엇인가가 그렇게 말하라고 등을 떠밀었기 때문이었는데, 이는 나의 맹렬한 진심이었다. 누군가에게 부끄럽고 미안하거나, 후회와 원망의 마음이 들 때 그것들을 그냥 흘러가게 놓아두지 마라. 아무렇지 않은 척하지 말고, 그 마음이 흘러넘치도록 예술로 표현하라.

잊을 수 없는 존재를, 잊지 않겠다는 그 다짐을 그림에 담아라.

〈세한도〉에는 내가 아끼는 사람들과 벗, 아내, 늙은 고양이, 수선화, 그리고 네가 있다. 〈세한도〉에 인장을 찍었을 때, 나는 그 많은 이들을 영원히 잊지 않겠다고 다짐하며, 절해고도의 삶을 꿋꿋하게 살아가기로 결심했다. 〈세한도〉에 그려진 빈 집은 텅 비어 보이지만, 사실 내가 아끼는 사람들로 가득 채워져 있다. 너 또한 네가 아끼는 사람들을 항상 잊지 말고 어떤 식으로든 그 다짐을 그림에 새겨 넣어라.

누구도 모방하지 말고, 너만이 할 수 있는 최선의 방법을 찾아라.

예술을 하는 사람들은 모두 유명하거나 명망 있는 예술가를 닮고 싶어 한다. 그래서 그들의 필체나 분위기를 모사하며 만족하는데, 그렇다고 그 사람이 될 수는 없다. 이는 단지 자신을 속이고 남을 속이는 짓일 뿐이다. 누군가를 닮고 싶다고 말하는 사람의 열망과 좌절을 누구보다 이해할 수 있다. 그러므로 더욱 나는 너에게 나를 닮아서는 안 된다고 강조하는 것이다. 온전한 너만의 것을 남기고 싶다면, 나를 닮으려고 하지 마라.

꽤 오래 전의 기억이 수선화와 가시울타리처럼 생생하게 눈앞에 떠오른다. 태어난 지 1년도 되지 않은 너를 위해 글을 쓰고 책을 만든 적이 있다. 지금도 네가 보물처럼 소중하게 간직하고 있는 《동몽선습 童蒙先習》이 바로 그 책이다. 《동몽선습》은 누구나 갖고 있는 흔한 사물이지만 나는 너에게 흔하지 않은 《동몽선습》을 읽게 하고 싶었다. 나의 위치와 너의 위치, 우리의 위치를 정확히 알려주는 우리만의 《동몽선습》을 너에게 주고 읽게 하고 싶었다.

그래서 나는 어떻게 했나? 내가 직접 붓을 들어 베껴 썼다. 그 시간이 하나도 지루하지 않았던 것이 지금도 기억에 선명하게 남아 있다. 오랜 시간 붓을 잡고 있었으면서도 너 혹은 우리를 위해 쓴다는 생각에 힘든지도 몰랐다. 깊은 밤이 되어서야 붓을 놓고는 땀을 닦으며 내가 너를 위해 이룬 성취에 감격해 싱긋 웃기도 했다. 나는 그 웃음을 간직한 채 너 혹은 우리를 위해 쓴《동몽선습》을 천천히 읽어 보았다.《동몽선습》은 이렇게 시작된다.

천지만물 가운데 사람이 가장 귀하다.

《동몽선습》에 담긴 오륜의 내용은 물론 귀한 것이다. 그러나 내게 있어 가장 감동적인 문장은 바로 이 첫 문장이었다. 내 머릿속에서 그 문장은 이렇게 바뀌었다.

천지만물 가운데 사람이 가장 귀하다.
그 사람 가운데에서 네가 가장 귀하다.

혹독한 관리의 차가운 손을 신주처럼 모시며 살아왔지만 그때만큼은 아니었다. 너라는 확고한 존재 앞에서 내 폭풍 같은 의론은 하나도 쓸데없었다. 냉정한 성품과 가혹한 판단도 그때만큼은 무용지물이었다.

하지만 나는 이내 웃음을 지우고 자세를 바로잡았다. "그 사람 가운데에서 네가 가장 귀하다"는 문장을 덧붙일 수는 없는 일이었다.

나는 아비였다. 나는 사대부였다. 아비된 자로서, 사대부인 자로서 대책 없는 애정만을 표명하기보다는 그리 밝지 않을 너의 앞날을 생각하며, 네가 살아가는 데 긴요한 문장들을 덧붙여야 했다. 그리하여 나는 책의 마지막 장에 이렇게 썼다.

　　열심히 읽고, 가르침에 따르고, 정밀하게 생각하고, 힘껏 실천하라. 그래야 사람의 도리에 이를 것이니 부디 열심히 공부하라.
　　초승달이 뜨고 사흘이 지난 밤, 아비가 쓰다.

　그 시절 우리는 한 지붕 아래 있었으나 지금은 그렇지 않다. 유일한 위안은 달빛이다. 달빛은 절해고도나 네가 머문 곳이나 똑같이 비춘다.

　나를 닮고 싶다던 네 문장이 떠오른다. 나를 닮지 말라던 내 문장이 떠오른다. 나를 닮고 싶다는 너의 요청에 끝내 나를 닮지 말라고 쓴 내 심정을 너는 족히 이해할 것이다. 나는 네가 닮아야 하되, 닮지 말아야 할 사람이다. 내가 부끄러워서가 아니다. 적어도 나는 부끄러운 삶을 살지는 않았다. 그렇다면 이유는 명확하다. 내 늙은 고양이는 너에게서는 젊은 고양이로 바뀌어야만 하기 때문이다.

　나의 벗 권돈인은 언젠가 내게 보내는 글에서 이렇게 썼다.

봄은 무르익어 이슬이 무겁다. 땅이 따뜻해서 풀이 돋아난다. 산은 깊고 해는 길다. 인적은 없는데 향기는 사무친다.

나는 네가 그런 사람이 되었으면 한다. 무거운 이슬, 돋아나는 풀, 깊은 산, 길게 지는 해, 네가 머무는 곳에 향을 남기는 사람, 네가 없더라도 향으로 네 자취를 남기는 사람.

나는 그런 삶을 살려고 했다. 깊은 산을 거닐면서도 향기로 모든 이를 감화시키는 삶을 살려고 했다. 그 뜻이 이루어졌는지는 모르겠다. 고백하지만 여기까지 오는 것도 결코 쉽지는 않았다. 육체의 고통은 유난히 도도했던 내 정신이 견뎌야 했던 것들에 비하면 아무것도 아니다.

내가 아닌 너에 대해서 말하기는 힘들다. 나 또한 살아가고 있는 중이므로. 단 하나, 확실한 것이 있다. 너의 길은 분명 아비의 길보다 더 힘들 것이다.

서얼이라는 장벽은 이제 천 리 길의 처음에 선 너를 수도 없이 좌절하게 만들 것이다. 소심하나 예민한 너는 그 사실을 뼛속 깊이 느끼고 있다. 그리하여 너는 수선화를 그리고 난을 치며 나를 닮고 싶다는 문장을 남기며 소리 없이 울먹였던 것이다.

그러나 내가 어찌 하겠느냐? 아비로서 할 수 있는 것은 공허한 훈계와 먼발치에서 다독거리는 것 뿐이다. 너와 같은 처지, 혹은 너보다도 못한 처지였으나 종내에는 빛을 발했던 박제가를 말하고, 이상적을 말하고, 소치를 말하고, 박계첨을 말할 뿐이다. 나를 닮고 싶다 말하는 너에게 나를 닮지 말라고 애써 말하며 등 떠밀어 천 리 길로 떠나보낼 뿐이다. 그저 네가 넘어서기 어려운 관문을 너의 힘으로 넘기만을 바라면서 "너만의 〈세한도〉를 남겨라"고만 쓸 뿐이다.

봄의 막바지에 들어선 이제 수선화는 다 져버렸다. 늙은 고양이는 꽃 하나 없는 수선화 앞에서 두 눈 뜨고 졸고 있다. 나는 그 늙은 고양이를 두 눈 감고 바라본다. 두 눈을 뜬 내가 무엇을 할지 너는 아느냐? 너에게 쓴 편지들을 불태울 것이다. 불태워지고 소멸됨으로써 세상에 새로 생긴 재를 늙은 고양이에게 먹일 것이다. 그러고는 그 늙은 고양이를 너에게 보낼 것이다.

그러므로 아들아, 마당에 나비 쫓는 늙은 고양이 한 마리가 보이면 무정하게 내쫓지 마라. 그 고양이는 바로 나이니까. 너에게 보내는, 내 아들에게 보내는, 잘났으나 실은 못난, 모든 것을 알면서도 실은 하나도 모르는 아비의 편지이니까.

권돈인(1783~1859)

조선 후기의 문신으로 자는 경희景羲, 호는 이재彛齋·우염거사又髥居士 등이 있다. 경기도 관찰사, 이조판서, 영의정 등을 지냈고, 서화에 뛰어났다. 추사와 절친한 친구 사이였으며, 각종 서화에 대한 연구와 품평을 서로 주고받았다.

김유근(1785~1840)

조선 후기의 문신으로 자는 경선景先, 호는 황산黃山이다. 1810년 식년문과에 급제, 사서·검상이 되었고, 이후 이조참판, 대사헌, 병조판서, 돈령부판사 등을 지냈다. 글씨·그림·시 모두 실력이 뛰어났으며, 갈필을 사용한 남종문인화를 잘그렸다.

박제가(1750~1805)

조선 후기의 실학자로 자는 차수次修·재선在先·수기修其, 호는 초정楚亭·정유貞蕤 등이 있다. 양반 가문의 서자로 태어나 봉건적인 신분제도에 반대하는 선진적인 실학사상을 전개했다. 선진적인 청나라의 문물을 받아들여 상공업을 발전시켜야 한다고 주장했으며, 수레와 화폐 사용을 강조했다.

소동파(1036~1101)

중국 북송시대 대문호인 소식蘇軾을 말한다. 시인이자 학자, 정치가로도 활동했으며, 송시의 확립에 중요한 역할을 했다. 또한 북송사대가로 손꼽히는 서예가이자 중국 문인화풍을 확립한 화가이기도 했다.

송시열(1607~1689)

조선 중기의 학자이자 정치가로 자는 영보英甫이며, 호는 우암尤庵이다. 주자학의 대가로 기호학파의 주류를 이루었으며, '사단칠정四端七情'을 바탕으로 한 일원론을 발전시켰다. 사림의 영수가 되면서 정국을 주도할 만큼 강한 영향력을 미쳤다.

신위(1769~1845)

조선 후기의 문신이자 화가·서예가로 자는 한수漢叟, 호는 자하紫霞·경수당警修堂 등이 있다. 1812년부터 중국의 학문과 문학을 접하면서 학자, 문인들과 교유했으며 특히 옹방강과 친분을 쌓았다. 정계 활동을 하는 한편, 글씨·그림·시에도 능했는데 특유의 개성으로 후대에 많은 영향을 미쳤다.

옹방강(1733~1818)

중국 청나라 사람으로 자는 정삼正三·서이徐彝, 호는 담계覃溪·이재彝齋·보소실寶蘇室 등이 있다. 이 가운데 보소실은 보소재라고 쓰기도 했다. 금석학, 비판, 법첩학에 통달한 그는 당대 대표적인 학자이자 서법가였다. 경학은 물론 사학과 문학에도 조예가 깊었으며, 추사와는 평생 사제지간의 인연을 맺고 서로 교류했다.

완원(1764~1849)

중국 청나라 사람으로 자는 백원伯元이고 호는 운대芸臺 외 50여 개를 썼다. 학자·서법가·행정가로 활동하면서 경학·금석·천문 등 다방면의 학문에 출중했으며,

전서와 예서에도 뛰어났다. 추사가 평생 존경하고 흠모한 스승이었다.

이상적(1804~1865)

조선 후기의 시인으로 자는 혜길惠吉, 호는 우선藕船이다. 역관으로 있으면서 중국을 자주 왕래했고, 골동품·서화·금석학 자료와 서적을 추사에게 제공했다. 추사가 그를 위해 그린 〈세한도〉를 중국에 가져가서 중국의 문인과 서예가들에게 제발을 받아오기도 했다.

장경(1685~1760)

중국 청대 중기의 문인화가로 자는 부삼溥三, 호는 공지간公之干이다. 왕휘 문하의 우산파虞山派에 속하며, 산수화를 비롯해 진순陳淳풍의 화훼화, 백묘로 그린 세밀한 인물화로도 유명하다.

정약용(1762~1836)

조선 후기 실학자로 자는 미용美鏞, 호는 다산茶山·사암俟菴 등이 있다. 문장과 경학에 뛰어났고, 유형원柳馨遠, 이익李瀷 등의 실학을 계승하고 집대성했다. 신유사옥 때 전라남도 강진으로 유배되어 19년 동안 귀양 생활을 보냈다. 《목민심서牧民心書》,《경세유표經世遺表》등 여러 저서를 펴냈다.

조인영(1782~1850)

조선 후기의 문신으로 자는 희경義卿, 호는 운석雲石이다. 10여년 동안 재상을 지내면서 국가재정의 확보와 민생문제에 대한 개선책을 자주 건의했던 충신이다. 금석문을 수집하고 금석학 연구에도 정진했다. 문장·글씨·그림에 모두 능했으며, 추사와 평생 우정을 나누었다.

초의(1786~1866)

조선 후기의 승려이며 당호로 일로향실—爐香室과 일지암—枝庵을 썼다. 두륜산 일지암에서 지내며 조선의 다도茶道를 정립했다. 추사와는 수많은 편지와 작품을 주고받았으며, 거리낌 없이 대화와 농담을 할 정도로 가까운 사이였다.

허유(1808~1893)

조선 후기 서화가로 자는 마힐摩詰, 호는 소치다. 글·그림·글씨에 모두 능했으며, 추사의 인정을 받고 그의 문하생이 되었다. 그림으로 유명해지면서 헌종의 배려로 1848년 무과에 급제했으며, 지중추부사에도 올랐다.

1786년	충청도 예산 향저에서 김노경의 장남으로 출생.
1791년	박제가가 추사의 〈입춘첩〉을 보고 스승을 자처함.
1793년	큰아버지 김노영金魯永의 양자가 됨.
1800년	한산 이씨를 첫 번째 부인으로 맞이함.
1805년	첫 번째 부인 한산 이씨 사망함.
1808년	예안 이씨를 두 번째 부인으로 맞이함.
1809년	생원시험에 일등으로 급제함. 중국 연경에 들러 견문을 넓힘.
1810년	완원과 옹방강을 만나 사제 관계를 맺음.
1813년	인일제시人日製詩에 차상次上으로 합격함.
1815년	옹방강의 소개로 섭지선을 편지로 사귐.
	초의와 만나 둘도 없는 우정을 맺음.
1817년	서자 상우商佑 태어남.
1819년	양자 상무商懋 태어남.
1820년	아들을 위해《동몽선습》을 필사함.
	한림소시翰林召試에 합격함.
1826년	충청우도 암행어사가 되어 비인현감 김우명을 파직시킴.

1827년	예조참의가 되었다가 자리에서 물러남.
1830년	부친 김노경, 김우명의 탄핵을 받고 고금도 위리안치에 처함.
1832년	아버지의 억울함을 호소하기 위해 꽹과리를 치며 격하게 논쟁함.
1836년	성균관 대사성, 병조참판 등을 지냄.
1839년	형조참판 자리에 오름.
1840년	김홍근, 윤상도尹尙度의 탄핵을 받았으나 우의정 조인영의 상소로 제주 (대정)에 위리안치됨. 유배 도중 〈모질도〉를 그림.
1842년	두 번째 부인 예안 이씨 사망.
1843년	이상적과 허유, 추사의 유배지를 왕래함.
1844년	이상적에게 〈세한도〉를 그려줌.
1848년	유배에서 풀려남.
1849년	서울로 돌아와서 강상에 머묾.
1851년	진종조례론(예송논쟁)의 배후 발설자로 탄핵되어 함경도 북청에 유배됨.
1852년	함경도 북청 유배에서 풀려남.
1856년	71세의 나이로 서거.

참고 문헌

고연희, 《조선시대 산수화》, 돌베개, 2007.

기태완, 《꽃, 들여다보다》, 푸른지식, 2012.

김상엽, 《소치 허련》, 돌베개, 2008.

김정희, 《국역 완당 전집 1~4》, 민족문화추진회, 1986~1996.

박철상, 《세한도》, 문학동네, 2010.

소동파, 김병애 옮김, 《마음속의 대나무》, 태학사, 2001.

양진건, 《제주 유배길에서 추사를 만나다》, 푸른역사, 2011.

오주석, 《옛 그림 읽기의 즐거움 1》, 솔, 1999.

우오즈미 가즈아키 엮음, 임경택 옮김, 《만화 중국서예사 상·하》, 소와당, 2009.

이상국, 《추사에 미치다》, 푸른역사, 2008.

이영재·이용수, 《추사정혼》, 선, 2008.

임어당, 진영희 옮김, 《쾌활한 천재》, 지식산업사, 2001.

유홍준, 《완당 평전 1~3》, 학고재, 2002.

정민, 《새로 쓰는 조선의 차문화》, 김영사, 2011.

정병삼 외, 《추사와 그의 시대》, 돌베개, 2002.

허유, 김영호 엮음, 《소치실록》, 서문당, 1976.

추사에게 나를 지키는 법을 배우다

초판 1쇄 인쇄 2018년 1월 15일
초판 1쇄 발행 2018년 1월 22일

지은이 설흔 **펴낸이** 연준혁

출판1본부 이사 김은주
출판4분사 분사장 김남철
편집 신민희 **디자인** 김준영

펴낸곳 (주)위즈덤하우스미디어그룹
출판등록 2000년 5월 23일 제13-1071호
주소 경기도 고양시 일산동구 정발산로 43-20 센트럴프라자 6층
전화 031-936-4000 **팩스** 031-936-3891
홈페이지 www.wisdomhouse.co.kr

값 14,000원 ⓒ 설흔, 2018
ISBN 979-11-6220-270-8 03900

국립중앙도서관 출판시도서목록(CIP)

추사에게 나를 지키는 법을 배우다 / 지은이: 설흔.
— 고양 : 위즈덤하우스미디어그룹, 2018
　 p. ; 　 cm

참고문헌, "추사 김정희 연보" 수록
ISBN 979-11-6220-270-8 03900 : ₩14000

인생훈[人生訓]

199.1-KDC6
179.9-DDC23 　　　　　　　　CIP2018000961